王洪栋

廉赵峰　张光楹

著

WEALTH MANAGEMENT
AND INTERNET OF
FINANCE

财富管理
与互联网金融

经济管理出版社

ECONOMY & MANAGEMENT PUBLISHING HOUSE

图书在版编目（CIP）数据

财富管理与互联网金融/王洪栋，廉赵峰，张光楹著. —北京：经济管理出版社，2014.3
ISBN 978-7-5096-2977-2

Ⅰ．①财…　Ⅱ．①王…②廉…③张…　Ⅲ．①互联网络—应用—金融管理
Ⅳ．①F830.2-39

中国版本图书馆 CIP 数据核字（2014）第 037475 号

组稿编辑：何　蒂
责任编辑：杜　菲
责任印制：黄章平
责任校对：超　凡　王纪慧

出版发行：经济管理出版社
　　　　　（北京市海淀区北蜂窝 8 号中雅大厦 A 座 11 层　100038）
网　　址：www. E-mp. com. cn
电　　话：(010) 51915602
印　　刷：三河市延风印装厂
经　　销：新华书店
开　　本：720mm×1000mm/16
印　　张：12.25
字　　数：180 千字
版　　次：2014 年 3 月第 1 版　2014 年 3 月第 1 次印刷
书　　号：ISBN 978-7-5096-2977-2
定　　价：39.80 元

金融企业通过互联网开展业务宣传、提供客户服务乃至通过客户端实现账务处理和投资交易等行为自互联网兴起之日便开始了，并且在不断地改进客户体验、拓展客群数量。互联网企业或者其他非金融企业参与到金融业务中，提供金融资讯、产品展示和选择评价等服务，在 2007 年中国 A 股行情暴涨的时候便开始活跃起来。

这些早就存在多年的与互联网有关的金融活动并没有引发社会的极大关注，虽然通过互联网已经改变了很多人从事金融交易的习惯，如网上银行和手机银行早已让很多年轻人止步于银行网点；安装于计算机和手机的股票交易软件也已经使得券商营业部的大厅难觅人头攒动的场景。

但这些现象似乎都只是一个个量的积累，质的变化发生在 2013 年，这一年，也被很多人誉为互联网金融的元年。也就是在这一年，互联网金融成了一个炙手可热的名词。

"忽如一夜春风来，千树万树梨花开"。互联网企业中的巨头好像是商议好了一样，纷纷推出了被大众惊为神器的高收益产品，发行量和收益率一起节节攀升，很多人开始揣测，也有很多人在期待，以商业银行为代表的财富管理产品的供给者是不是应该坐立不安了？

金融企业在互联网领域或者说利用互联网拓展自己的业务平台，大众或许并不以为然，也有人称之为金融互联网，以示对互联网金融的区别。

可以说，互联网金融作为一个概念迅速传播，正是以非金融企业对金融企业的地盘发起猛攻为标志，反映了大众的一种期望，互联网企业已经颠覆了很多商业模式，如电器买卖、图书买卖，颠覆后的崭新的远程交易带来的最大实惠就是在质量保证的同时价格变得低廉了，人们似乎也乐于看到对金融业的颠覆或者是冲击，从而使消费者获得最大的福利。

互联网企业或者其他非金融企业真正能够参与到金融业务中，必须具备两个条件：一是沉淀大量资金；二是能够生产可用于金融交易的基础资产。

也许是刚刚崛起的互联网金融从形态上看很接近金融产品的销售行为，于是有人认为真正的互联网金融尚未来到，现在的模式只是充当了产品交易的渠道而已。

也有人认为只有互联网能够生产出不依赖于线下市场的金融资产才能算是独立的互联网金融。

但是，既然互联网的资金交易摆脱不了货币体系，就算是能够实现支付结算的独立运行，难道就算是一个独立的金融市场吗？

互联网实质上改变的是人们的信息传递方式，它日新月异地创造出各种交流工具，触动着市场走向有效性，正是因为很多金融机构存在的意义是解决资金的赤字方和盈余方的信息不对称问题，所以，互联网企业才有可能介入金融企业的经营范畴。

由此，从另一个角度，金融企业通过互联网降低交易成本，自然也应该算是互联网金融的一部分。

在一个新兴事物刚刚出现、远未定型的时候，我们面临着很多的疑问和困惑，这些问题至少包括以下内容：

到底什么是互联网金融？应该运用怎样的视角来定义互联网金融？我们不是要划定它的边界，而是要看到它的本质，知其宗方能顺其变。

互联网金融从财富管理类产品的火热销售发轫而起，财富管理与互联网金融的关系是什么？是不是互联网金融可以不必从事财富管理？互联网金融的盈利模式会是什么？

如果互联网金融要开展财富管理，需要怎么做呢？与线下的财富管理会是一样的做法吗？互联网企业可以依靠高收益率的产品实现"逆袭"吗？没有地域限制的互联网世界所带来的客户群是最大的竞争优势吗？

资产配置对于财富管理至关重要，对互联网金融中的财富管理有什么价值？如何实现？互联网财富管理对于线下商业银行已经开展的财富管理有什么影响呢？

人寿保险公司是积极参与互联网金融的排头兵和产品供应商，它们现在的做法能够持续吗？最终会是一种怎样的格局？

除了商业银行，证券公司会受到互联网金融的冲击吗？它们会如何应对？

正是为了回答这些问题，我们写作了本书，本书的章节安排也基本上延续了对上述问题的解析。

这是我们三人继《财富管理与资产配置》一书后的又一次合作，本书也坚持了我们对财富管理的观点：财富管理是资产管理在资金端的表现形式，财富管理就是风险管理，资产配置是风险管理的有效手段。

同时我们发展了一些新的看法，也再次确认了一些看法：基于对金融本质的认识和财富管理对资金盈余方的作用使然，财富管理将是互联网金融的主要形式。可以说，即使具备制度性吸收存款功能的机构也需要发展财富管理，那些非银行金融机构和非金融机构更加不可或缺的需要发展财富管理，无论线上还是线下。确定性产品会更快地实现市场的有效性，带来消费者福利的上升，而非确定性产品的争夺是盈利的关键，资产配置的能力是建立竞争优势的主要手段，财富管理的产品体系、客户体系和客户关系管理体系的建设是实现资产配置能力的基础。

我们三人都不是职业作者，仅仅因为在金融的一线，从事着与财富管理和金融市场有关的工作，又对新事物有着浓厚的兴趣，才在一次长时间的交谈中确定了钻研互联网金融的方向。

探讨一个尚在成长期的新事物，并给出一些结论是需要冒风险的，但是兴趣的感召让我们愿意接受这个挑战。期待读者朋友参与到本书的讨论中，多给予批评指正，因为这些思辨都有利于金融业的发展。

2014 年 1 月

Contents

目　录

第一章
互联网金融

在探讨财富管理与互联网金融相关问题之前，有必要对互联网金融的内涵和外延进行定义，目前市场上大家热烈讨论的业务是否应该纳入互联网金融的范畴？新兴的金融产品"余额宝"、"百发"等产品是否是互联网金融产品？什么样的业务属于互联网金融？互联网金融与传统金融的边界是什么？只有明确这些概念，才能对互联网金融模式下的财富管理进行探讨，进而找到在这种模式下的业务发展路径。

本章将结合金融及金融市场的概念，对互联网金融和互联网金融市场进行定义，明确互联网金融的内涵和边界，分析目前互联网企业在互联网金融业态下的角色定位。在此之前，我们首先还是要回顾一下金融与金融市场。

第一节　金融与金融市场

一、金融

金融的本质就是资金融通，是跨时间、跨空间的价值交换，实质上是一种交易活动。在这一过程中，所有涉及价值或者收入在不同时间、不同空间之间进行配置的交易都是金融交易，因而我们所说的金融学就是研究跨时间、跨空间的价值交换为什么会出现、如何发生、怎样发展。举例来说，"货币"就是如此。货币具有价值储藏功能，它的出现首先是为了把今天的价值储存起来，等未来再把储存其中的价值用来购买别的东西，同时货币也存在着跨地理位置的价值交换，今天在中国销售了产品，换成了货币，来到美国，又可以用这些货币去买想要的东西。因此，货币解决了价值跨时间的储存、跨空间的移置问题，货币的出现对贸易、对商业化的发展是革命性的创新。比较而言，信用交易是最纯粹的跨时间价值交换，甲今天从乙那里借到 100 万元，先满足自己的需求，即透支未来，等到将来甲再把本钱加利息还给乙；对乙来说，则正好相反，把今天的钱借出去，转移到以后再花。这实质上就是金融的本质。

在这种对金融的一般性定义和具体金融品种之上，随着社会的不断进步，人类社会已经发展出了规模庞大的各类金融市场，包括建立在一般金融证券之上的各类衍生金融市场，不外乎是为类似于上述简单金融交易服务的。金融交易范围从起初的以血缘关系体系为主，扩大到村镇、地区、全省、全国，再进一步扩大到全球。

二、金融市场

(一) 金融市场的基本概念

在现代经济系统中，产品市场和要素市场对经济的运行起着主导作用，产品市场是商品和服务进行交易的场所，要素市场是分配土地、提供劳动力、资金等生产要素的市场。金融市场是要素的重要组成部分，是在经济系统中引导资金流向、沟通资金由盈余向赤字单位转移的市场。金融市场为政府开辟了筹资渠道，为中央银行的宏观调控提供了政策工具，为工商企业筹资和投资提供了机制，为居民个人创造了借贷消费和投资获利的条件，在整个经济活动中发挥着重要的作用。①

在近现代多位经济学家的著作中，都对金融市场给予了定义，如"金融市场是金融工具转手的场所"、"金融市场是金融资产交易和确定价格的场所或机制"、"金融市场应理解为对各种金融工具的任何交易"、"金融市场是金融工具交易的领域"，② 等等。总的来说，金融市场就是资金融通的市场，是指在经济运行过程中，资金供求双方运用各种金融工具调节资金供求关系的过程，是金融交易活动的总称。这里体现了金融市场的三层含义：第一，金融市场是金融资产交易的场所，包括有形的和无形的；第二，金融市场反映的是金融资产供应者与需求者之间的供求关系；第三，金融市场包含了金融资产交易过程中所产生的运行机制，并揭示了金融资产的定价过程，解释了如何通过定价过程在市场各个参与者间合理地分配风险与收益。

通过金融市场的定义可以看出，金融市场实质上解决的是在不确定性环境下，如何跨区域、跨时间地进行资源配置，将资产供给方与需求方进行匹配。那么，根据金融市场在实现这一功能过程中所扮演的角色，金融市场具有以下几大功能：

第一，资源配置功能。金融市场通过扩大资金供求双方接触的机会，为筹资人和投资人开辟了更广阔的融资途径，为金融交易提供便利，降低了融资成本，提高了资金使用效益。

第二，定价功能。金融市场价格的波动和变化依存于市场的完善程度和市场的效率，是经济活动的晴雨表。

第三，为监管部门的宏观调控提供了条件。监管机构的调控体系必须依靠发达的金融市场传导中央银行的政策信号，通过金融市场的价格变化引导各微观经济主体的行为，实现货币政策调整意图。

---

① 史建平. 金融市场学［M］. 北京：清华大学出版社，2012.
② 赵海宽，杜金富. 资本市场知识入门［M］. 南昌：江西人民出版社，1993.

第四，实现风险分散和风险转移。金融市场的发展促使居民金融资产多样化和金融风险分散化，为经济持续、稳定发展提供了条件。

（二）金融市场的构成

从金融市场的基本概念和职能可以看出，一个健全完备的金融市场，其自身构成一个闭环，在这个闭环中，应至少包括以下几方参与者：

1. 资金供应者

金融体系中的"盈余者"，是指当前的总储蓄超过当前在资本品上支出的参与者，他们可以出售多余的资金，被称为市场上的贷款人。

2. 资金需求者

也就是指当前总储蓄低于当前资本品支出的参与者，往往此时的资金缺口反映出其对融资的需求。

3. 金融中介

这是金融市场中最重要的组成部分，金融中介的运作机理是购买资金需求者发行的有价证券，再向资金供应者发行有价证券，或者为资金供需双方提供媒介职能。属于金融中介的包括商业银行、投资银行、保险公司、投资基金等大家日常生活中都已经离不开的众多机构，甚至包括了目前出现的 P2P 平台等。现代金融市场一个重要趋势就是金融市场的机构化程度越来越高，小规模的资金供需双方直接进行金融市场投资的成本较高，因此他们往往通过金融中介的专业化运作，以降低参与金融市场的成本。越是发达的金融市场，越离不开金融中介的参与，而专业化的金融中介机构，也会使金融市场的功能越发完善。

4. 金融工具

这是资金供求双方在金融市场上交易的对象。如各种债券、股票、票据、可转让存单、借款合同、抵押契约等，是金融市场上实现投资、融资活动必须依赖的标的。

5. 监管者

这是维持金融市场秩序有效运行的参与者，相应的监管职责由一行三会承担。主要的职责包括建立完善金融市场制度；对资金供求和金融中介设置准入制度；对金融市场出现的问题以公开、公平、公正的原则进行处理。在金融市场蓬勃发展的今天，监管者已经成为金融市场中不可或缺的角色，特别是在互联网金融这一跨界领域中，监管者必须要找到适当的位置，履行相应的职责。

以上几方均为金融市场的构成部分，那么这些机构间的运作机理是什么呢？图 1-1 将参与方之间的关系更直观地体现出来。

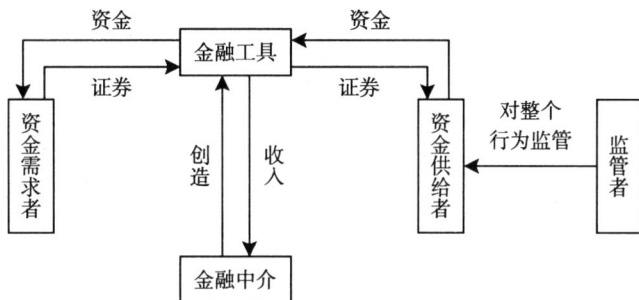

图 1-1　金融市场的运作机理

（三）金融市场的组织形式

金融市场的组织形式是指把参与双方和交易对象通过金融中介联系起来、确定价格、最终实现转让交易对象目的的形式，目前金融交易的主流方式有以下两种：

1. 有形市场

有形市场即交易者集中在有固定地点和交易设施的场所进行交易的市场，在金融市场电子化趋势形成之前，几乎所有的金融交易都是在有形市场完成的，最普遍的市场形态就是交易所，所有的参与者都要通过交易所实现资金的交易和证券的转让，在这一过程中，交易成本是较高的，必须在市场中存在足够多的金融中介，否则无法代理大量的资金供需主体，也无法进行有效的价格竞争。

2. 无形市场

即交易者无须通过以实体形式存在的物理网点完成交易，对于在任意地点的交易者，可以借助先进的通信手段完成交易。在金融交易电子化趋势的浪潮中，目前无形市场的交易份额已经大大超过了有形市场，特别是发达的经济体，有形市场已基本被无形市场所替代，这种方式可以更高效率的完成交易，大大降低中间成本，是完善资源配置的重要方式之一。

在这里想特别强调的是金融市场中的交易场所。金融产品的交易在哪类交易场所执行，取决于金融产品的风险属性和购买对象。不同的金融产品可以在不同的交易场所进行交易，同一个金融产品的不同交易环节也可以放在不同的场所。如在互联网还没有兴起的时候，转账汇款这一功能仅能通过银行网点柜台实现，但在网络化趋势大发展的今天，通过网银渠道实现跨行、跨区域汇款已是再普通不过的一种交易方式。类似的，根据监管机构的要求，商业银行的理财产品首次购买时就需要到银行网点签署风险评估后才可购买，但随后的购买就可以通过网络实现，这也是从风险控制的角度出发的，在初期购买理财产品时一定要对客户的风险偏好进行判定，并将产品的风险属性向客户揭示清晰。虽然此类产品的首次销售要在银行网点实现，但此类产品的营销宣传又可以放在网络等渠道。而对于理财类产品中风险较高的信托产品，不仅购买渠道仅能通过柜台，而且在营销宣传时，也要面对合格投资者，这就决定了其也不能向大众客户进行宣传。

再举一个金融产品互联网交易更普遍的例子，就是股票经纪业务。在股票市场成立初期，所有的股票交易都要通过证券公司营业部下单，最初是手工下单，随后在电子化交易的快速发展下变为营业部自助终端下单，而在网络化已经非常普及的今天，通过网络、手机随时随地炒股已成为了家常便饭，这一发展演变已造成证券公司营业部的面积在逐年缩小，甚至一些以高端客户为主的证券公司已不再设立实体炒股大厅，实质上，这就是金融市场组织形式的转变，而在这一过程中，投资者最初担心的交易风险目前已得到了很好的解决，几乎不会出现由于网络安全等因素造成的交易风险。

综上可以看出，金融产品的风险属性决定了其交易场所，也就是金融市场的组织形式，而互联网的诞生，实质上就为金融市场提供了一个渠道，随着其安全性的提升和在普通百姓中认知度的提高，互联网已逐渐成为金融市场中一个重要的交易渠道。结合金融产品的风险属性和购买对象的风险承受能力，互联网已成为金融市场中不可分割的一个重要组成部分。

第二节　互联网金融与互联网金融市场

互联网的出现，不仅对金融这个业态造成了巨大影响，同时也对传统经济中的很多业态进行了颠覆。举个大家最熟悉的例子，苏宁电器。2004~2005年，苏宁全国铺设网点成立电器专营的销售卖场，得到了老百姓的追捧，人们不必再去传统的百货商店——比较各个品牌的电器性能，也不必再为价格的孰高孰低进行比较，只要走进苏宁电器，各类电器商品应有尽有，同时苏宁电器的股票也被投资者定义为长期价值投资的典范，大幅上涨。但是，谁曾想到，京东的出现一举颠覆了这一格局，其快速的物流服务、较实体店更低廉的成本已经得到了老百姓的认可，人们不再去实体店购买电器，或者只到实体店去浏览、比较哪个电器更满意，转而直接到网上购买。这对苏宁这种以实体店为经营渠道的商家是巨大的打击，说得夸张一点，苏宁电器的实体店成了电器的展示、体验店，无法形成最终的收入来源，反而是巨大的成本包袱，而京东等这类电子商城，依靠的就是低廉成本、快速响应、高效服务迅速占领市场，在这一过程中，起到颠覆作用的就是互联网。

想想看，十年前，有多少人相信自己会通过互联网购买电器商品呢？那么，现在又有多少人相信未来会从互联网进行投资理财呢？银行的网点会不会成为未来苏宁电器的实体店呢？下面的内容中将对互联网金融和互联网金融市场的发展进行明确定位，进而探讨互联网金融的发展方向。

一、互联网金融

(一) 互联网金融的兴起

互联网并不是独立于金融市场出现的，它的出现，是在传统经济各种业态逐渐发展的过程中逐渐融合的，互联网作为金融市场中的一个重要交易渠道，是伴随金融市场发展而产生的。在这一过程中，互联网对金融市场效率的提升、金融市场参与主体成本的降低起着非常重要的作用，特别是在移动支付等新兴互联网业态逐渐成熟之后，互联网已经成为普通老百姓日常生活中不可或缺的一部分，它逐渐取代着传统的交易模式，而金融交易也不再专属于职业投资者，越来越多的普通老百姓已经有了更多的金融交易需求，正是在交易渠道与交易需求互相发展、互相融合的过程中，逐步诞生了互联网金融和互联网金融市场。

谈到互联网金融，大家可以想到很多，那么哪个事件的出现又或者哪个机构的诞生标志着互联网金融的兴起呢？所谓互联网金融的兴起是从非金融机构开始成为金融活动的组织者开始的。正是由于它们的出现搅动了原有金融市场的利益格局，互联网金融才走进了人们的视野，逐渐被市场所认知。互联网金融是传统金融行业与互联网精神相结合的新兴领域。因此，从这一角度看，互联网金融的诞生并不以某一事件或者某一机构的出现为标志，实质上是一个持续不断的发展过程，在这一过程中，诞生了很多互联网公司，在互联网金融这一领域中承担的角色也各有不同。从广义上讲，凡是具备互联网精神的金融业态统称为互联网金融。而从狭义的金融角度看，则应该定义在与货币的信用化流通相关层面，也就是资金融通依托互联网来实现的方式方法。

理论上，任何涉及广义金融的互联网应用，都应该是互联网金融，包括但不限于第三方支付、在线理财产品的销售、信用评价审核、金融中介、金融电子商务等模式。按照交易方式、交易结构和权利契约三个层次，互联网金融可以划分为十几个行业。其中，基于交易方式的行业有垂直搜索、智能理财、移动支付、供应链金融、终端银行、金融超市、数据金融应用等；按交易机构划分则有 P2P 借贷、众筹、P2P 资产交易、P2P 外汇兑换等；而基于权利契约的则有虚拟货币等。

目前市场上主流的互联网金融公司包括以下几类：

1. 金融产品销售

这类公司中以好买网、东方财富网为先驱。它们是最早从事金融产品代销的互联网企业，通过申请基金类产品的销售服务资格，进而通过自己的网站销售此类产品，为客户提供服务，相应的，这些互联网企业依靠产品销售获取收入。随后，以建设银行善融商务、招商银行非常 e 购为主流的银行电商网站逐渐出现，从某种意义上说，这种模式并不是互联网金融，而是金融产品的互联网化，其基本运作模式与金融销售的网站基本类似。在此基础上，又出现了百度金融中心理财平台等基于成熟互联网模式的金融产品销售平台，这类平台与早期金融销售网站并无太大区别，只是其发展更多的是借助原有的网站平台，最典型的要算是百度的"百发"产品，即百度本身并不是互联网金融企业，但依靠自己的平台和积累的客户，百度也选择了理财产品销售的模式，这种方式究竟是否成功，其未来的发展方向又是否正确呢？后文将会有详细论述。

2. 互联网金融渠道

这是指利用电子商务网站庞大的用户群，将金融产品和网络服务深度结合，借助互联网渠道向客户提供金融服务。这种模式以淘宝余额宝为主流。电商网站作为渠道销售金融产品与一般的互联网企业进行金融产品销售又有较大区别，其本质差异在于客户的需求和客户积累。应该说，余额宝产品的推出是大家密切关注互联网金融的标志性事件，究其原因在于淘宝这一电商平台的客户基础足够大，这一产品的推出迅速在客户的认知中进行普及，结合网络这一宣传渠道，得以规模的持续扩大。从金融的角度看，余额宝本身只是一个金融产品，能够在短期内迅速将规模做大，并非是源于产品的先进性，而是经济学中的"搭便车"现象。余额宝本身是余额管理功能，即先有余额，才进行管理，对于淘宝客户，绝大多数都有闲置资金，那么对这些资金进行管理就成为客户的自发需求，余额宝的推出也就顺理成章地满足了客户需求，这里想特别强调的是对于这种"搭便车"方式的成功，必须要有两个先决条件：其一，足够大的客户群；其二，推出的产品与客户自身的需求是正相关的，也即不能影响客户自身的需求。但是这种被大家认为的所谓"互联网金融"，其本质仍然是电商平台销售金融产品。

3. P2P 贷款平台

这是指 P2P 公司搭建网络平台，把资金的需求和供给信息直接在互联网上发布并匹配，资金供需双方直接联系，绕过传统金融中介的模式，这类互联网金融企业的运营模式本质上是一种民间借贷方式，以人人贷、宜信为主流。有别于前两种金融产品销售模式的是，P2P 平台提供的融资主体与资金供给方进行对接，这才是真正意义上的资金融通业务，但目前这种平台更多的是线上与线下①结合的形式，也即线上仅能提供平台对接，而资金供给和资金需求方仍需要线下去寻找，这就使互联网金融在这种模式下无法实现闭环。

4. 互联网金融门户

这是指各家互联网金融企业将金融产品放在互联网平台上，用户通过产品用途、金额和期限等条件进行筛选和比较，选择适合自己的金融服务产品，这类企业的核心是"产品搜索+比价"服务，提供的是信息中介角色，而非资金融通业务，虽然其经营的内容与金融相关，但本质上并不属于互联网金融范畴。目前主流的此类机构包括融 360、格上理财等。

5. 众筹模式

这是指项目发起人利用互联网和社交网络的传播特性，向公众展示自己的创意和计划，以此争取得到认同与支持，募集公众资金的模式。众筹项目以最终的成品实物或其他内容作为回报，但不能转化成股权，此类模式的代表有点名网、追梦网等。

---

① 线上，是指基于互联网媒介开展业务的方式；线下，是指脱离于互联网媒介开展业务的方式。

（二）互联网金融的内涵

互联网金融是由非金融机构通过互联网从事金融活动而产生的，那么，互联网金融的内涵与金融的内涵就是一致的，也就是资金的融通过程，或者说是实现资金供给方与资金需求方的匹配过程。这种匹配，与传统金融的不同在于，它不仅可以实现跨时间、跨区域的价值交换，而且可以通过互联网这一渠道更高效率的完成资金供需双方的匹配。那么互联网金融的本质又是什么？

尽管互联网金融的内涵与金融是一致的，但是互联网金融的本质应该不是金融，而是互联网。互联网金融与传统金融的区别不仅在于金融业务所采用的媒介不同，更在于：

互联网金融体现的是金融参与者深谙互联网"开放、平等、协作、分享"的精髓，通过互联网、移动互联网等工具，使得传统金融业务具备透明度更强、参与度更高、协作性更好、中间成本更低、操作更便捷等一系列特征。通过互联网技术手段，最终可以让金融机构离开资金融通过程中的曾经的主导型地位，因为互联网的分享，公开、透明等理念让资金在各个主体之间的游走，会非常的直接、自由，而且违约率低，金融中介的作用会不断的弱化，从而使金融机构日益沦落为从属的服务性中介的地位。不再是金融资源调配的核心主导定位。也就是说，互联网金融模式是一种努力尝试摆脱金融中介（金融脱媒）的行为。

在这一过程中，从客户角度体会最深的就是满足客户多样化需求的过程。传统金融行业面临更多的是同质化的业务和巨大的竞争压力，其发展与进步是依靠金融产品的更新换代来实现的，而互联网业态的发展与进步并非是"甲取代乙"的过程，而是不断需求细化的过程，越来越多的互联网公司总是能创造出客户甚至自己都可能不知道的需求解决方案，找到细分市场进而不断发展壮大，而且互联网业态的一大特征就是一旦出现了一家在某个领域突出的公司，其他公司就很难在完全相同的领域里获得太好的市场份额，而只能想尽办法挖掘新的客户需求，找到新的细化点进行突破，这里面的核心一方面是技术的进步，另一方面是互联网行业的客户特征决定的。举例来说，微信的出现并没有颠覆微博，因为它满足了关注自己身边的人和事物的需求，满足了那些不乐于公开自己行为的需求，而微博更多地满足大家关注那些愿意公开自己行为的需求，这两者的存在并不矛盾，只是因为满足了不同群体的需求，都得以不断发展壮大，而这正是互联网企业不断细化需求的过程。

对于互联网金融，依然如此，它的发展体现的是"开放、平等、协作、分享"的精髓，必定是以满足客户精细化需求为前提的，就好像前一部分对目前互联网金融企业的大致分类一样。然而，就未来的互联网金融业态看，我们认为，会存在两类最主流的运营模式。

1. 线上线下相结合

这种模式下，互联网金融企业并不在独立的封闭环境中运营，资金需求方与资金供给方不仅需要互联网，而且仍然需要借助传统金融的媒介实现两者间的匹配。对应于资金融通的双方，资产方或者资金方必有至少一方是在线下的，通过线上与线下的互通，形成一个闭环。

这种运行模式是目前较普遍的互联网金融企业经营模式，因为互联网金融企业大多不具有吸收公众资金的资格和牌照，多数仅能提供资产来源，也即通过担保或交易中介的模式提供融资方需求，而对于资金供给方，还只能对接线下客户的资金，或者互联网金融企业扮演的仅是交易通道或平台角色。

市场上此类运营模式中最知名的要算是宜信，通过 P2P 的模式，将有融资需求的资产转让至资金供给方，宜信在其中提供的是交易平台和中介的模式。类似的，还有人人贷，以公众的、闲散的、小额资金集合的方式形成资金方，去对接融资方的需求。

2. 线上独立的封闭运营

这种模式与第一种模式的最大区别在于互联网金融企业可以形成一个独立的可封闭运行的金融生态链，资产方自己产生、资金方自己满足。在这一模式中，互联网金融企业的客户既有融资需求，又有投资需求，利用互联网金融企业的平台进行匹配，在互联网金融内部形成闭环，实现线上独立的封闭运营。

以这种模式运营的互联网金融企业并不多，或者说本质上并不存在，这主要是源于国内金融牌照的限制壁垒，但是目前阿里巴巴的经营模式正在朝着这一方向发展。

阿里巴巴旗下经营着阿里小贷、淘宝、支付宝、余额宝等多个项目，其中阿里小贷反映的是融资主体，也就是阿里巴巴旗下中小企业的融资需求，而支付宝反映的是资金主体，也就是阿里巴巴旗下客户的充裕资金，利用这些资金去满足融资主体的需求，实质上就可以实现在阿里巴巴内部的独立封闭运营，但由于政策的壁垒，这些闲置资金暂时还无法以贷款的形式提供给融资主体，但这种线上独立封闭运营的模式已基本呈现，未来若政策放开，在这种互联网金融企业内部，就可实现资金需求方与资金供给方的匹配。一旦这种匹配可以在互联网金融企业内部完成，那么互联网金融就可以独立于传统金融成为一个全新的业态。

二、互联网金融市场

(一) 互联网金融市场的概念

从前文可以看出，目前互联网金融企业仍然是依托于传统金融业态存在和发展的，它们既是传统金融业态的一部分，又在传统金融业态基础上有所创新和发展，展望未来，一旦相关政策逐步放开（目前已有这一趋势），互联网金融企业就可以独立于传统金融业态而存在，形成资产方和资金方互相匹配的闭环，这将是对传统金融业态的颠覆性革命，即人们对于银行等金融机构的需求会逐渐被互联网金融机构所替代，以传统依靠银行网点经营的模式就会遭受巨大冲击，银行这种机构就很可能会成为"21 世纪的恐龙"。

那么，这里就有必要对互联网金融业态是否能够实现自给自足进行分析，也即提出互联网金融市场这一概念。

在本节第一部分关于金融市场的介绍中，提到金融市场的三层含义：第一，金融市场是金融资产交易的场所，包括有形的和无形的；第二，金融市场反映的是金融资产供应者与需求者之间的供求关系；第三，金融市场包含了金融资产交易过程中所产生的运行机制，并揭示了金融资产的定价过程，解释了如何通过定价过程在市场各个参与者间合理地分配风险与收益。

从这一角度看，互联网金融市场涵盖的内容也应该包括交易场所、参与主体和运行机制三个方面。互联网金融市场同样是解决在不确定性的市场环境下，跨区域、跨时间进行资源配置的问题，将资产供给方与需求方进行匹配，因此，互联网金融市场是金融市场的一种形式。与传统金融市场最大的差异在于这一资源配置的过程和解决方式不同，互联网金融通过更高效、更便捷、更人性化的方式创造出满足更精细化需求的互联网金融产品，进而实现资金需求方和资金供给方的匹配。

（二）互联网金融市场的构成

对于互联网金融市场的参与主体，与传统金融市场大体一致，应该包括资金需求者、资金供给者、监管者、互联网金融工具、互联网金融机构，其中前三个参与主体与传统金融市场是一致的，但承担的职责和所起的作用与传统金融市场的参与主体有所差异，而后两者是互联网金融市场所独有的，下面会进行详细论述。

资金需求者是指储蓄低于资本支出的参与者，对资金缺口有融资需求，此处的融资者是广义上的，既包括直接融资需求者也包括间接融资需要者，即各类金融工具，包括目前市场上的主流产品（理财计划、基金、资管计划、合伙企业等），凡是通过信用风险管理和市场风险管理手段达到筹集资金目的的金融工具均可以成为互联网金融参与主体中的融资者。

资金供给者是金融体系中的资金盈余者，指总储蓄超过资本支出的参与者，他们可以出售多余的资金，这里也是广义的概念，即既可以是资金供给者与资金需求者一对一的资金对接，也可以是以金融工具的形式构成集合资金，从而与资金需求者对接，这里的资金供给者也应该包括个人、企业或者各类金融机构。

互联网金融市场中也存在着监管者，但至少目前，这一监管边界尚不清晰，从传统金融市场的监管者看，一行三会分别管理对应的金融机构，承担着建立完善金融市场制度、对资金供求和金融中介设置准入制度的职能。但是对于互联网金融企业，本质上并不是金融机构，因此不应由一行三会进行监管，这就存在着边界不清晰的问题，就像目前余额宝的推广，应该由证监会监管还是由其他机构监管？类似的，百度在发行"百发"产品时夺目的宣传字眼和营销力度显然是不符合金融机构的监管要求的，但是对于这种产品应该由谁监管又没有明确的规定。不仅如此，对于传统金融产品销售流程中的风险控制措施，在互联网金融企业中如何应用也存在着问题，如银监会对于首次购买理财产品，就提出了必须要到银行网点柜台签署风险评估的要求，而这对于没有物理网点的互联网金融企业是不可能实现的，那么，监管机构如何监管？是否要出台新的监管政策？这实际上对监管者提出了更高的要求，我们认为，极有可能会成立单独的对于互联网金融公司的监管机构，专职从事对于互联网金融企业的监管工作，制定相应的管理办法等。

互联网金融机构和互联网金融工具对应金融市场中的金融中介和金融工具，其中互联网金融机构是互联网金融市场中的组织者。尽管互联网金融是由非金融机构通过互联网从事金融活动而产生的，但互联网金融市场中互联网金融机构的构成并非仅有非金融机构，这里面可以细分为金融机构和非金融机构，金融机构在互联网金融市场中从事的传统金融业务是一种金融业务的互联网化过程，同时，这些机构在互联网金融市场中也从事着非金融业务，如当前各家银行的电子商城，除销售金融产品外，还为客户提供机票代理、酒店住宿等非金融产品的相关服务，这些都应该被纳入互联网金融市场的范畴；互联网金融机构中的另一个参与主体是非金融机构，它们在互联网金融市场中也从事着金融业务和非金融业务，既可以通过互联网金融的形式从事其本职业务，将其本职业务互联网化，也可以进行创新性的互联网金融业务，在这一过程中，非金融机构与金融机构的互联网金融业务会有较大差异，对于非金融机构，不可能像传统金融机构一样，从事传统的金融业务，更多的重点应该在客户细分化的需求，就像目前存在的各种互联网金融模式一样。

互联网金融工具在互联网金融市场中的存在形式似乎不像金融市场那么明显，即以各类金融产品的形式存在，在互联网金融市场中，其金融工具更多的是依存于互联网而存在的，一部分形成产品的形态，如余额宝、百发等，另外的绝大部分互联网金融工具都是以互联网金融中介的形式存在的，依靠互联网的形式，形成资金供给方和资金需求方匹配的桥梁。

（三）互联网金融市场的组织形式

互联网金融市场的组织形式是相对简单的，与传统金融市场组织形式的最大区别在于，互联网金融市场几乎不存在有形市场，仅是传统金融机构目前的互联网金融形态存在着有形市场，但这一趋势很可能未来会有所改变，就像前文提到的苏宁电器，作为传统的线下商品交易模式，目前已越来越多的成为电器商品的展示场所，而真正形成交易的环节均在互联网渠道上，这很可能会使现有的金融网点逐渐演变成金融产品的展示场所，而真正实现交易的过程却在互联网。因此互联网金融市场的组织形式更多的将是无形市场，或者说是依托于互联网形式而存在的市场。

对于传统金融产品的交易场所，取决于金融产品的风险属性，那么在互联网金融市场中，首先默认的就是在这一渠道下，客户对产品的风险收益特征有一定的认知，或者在产品交易过程中，会对产品的具体风险收益特征进行详尽描述，在得到客户的充分认知后，即可实现交易的完成。

（四）互联网金融市场中的个人与机构

最后还想说明的是，互联网金融市场与传统金融市场是一样的，参与者包括个人和机构。在传统金融市场中，个人客户和机构客户都会扮演双重角色，既充当资金供给者，又是资金需求者，但是从占比看，机构客户对资金需求的比例要显著高于个人客户，在传统金融市场中以公司业务为主，而个人客户，更多地体现为资金供给者，是传统金融市场中零售业务的代表，那么由此传统金融业务就会细分为对公和对私两条业务线。对于互联网金融市场中的个人和机构，占比又如何呢？我们认为，在未来很长一段时间内，这一业态下的个人客户占比或者说个人客户的需求会远高于机构客户，即便是一些机构客户，很可能也是以个人开办的中小企业为主，这是由互联网金融的本质决定的，对于传统大型机构，其投融资需求往往比较复杂，需要面对面的沟通、交流和谈判，最后才能形成交易，而对于中小企业和个人客户，其需求相对简单，在互联网金融"开放、平等、协作、分享"的环境中，中小客户的简单需求可以得到充分释放和满足，因此，在互联网金融体系逐渐完善后，中小客户是其中的最大受益者，而如何满足这些客户的需求也正是互联网金融机构的发展重点所在。

从上面的分析可以看出，研究互联网金融市场的运营和发展模式，主要就是研究互联网金融市场中的个人参与者，对应于传统金融市场的个人客户，其需求的本质就是如何进行财富管理，同样的，对应于互联网金融机构，如何在互联网金融市场进行财富管理就应该成为研究的主题。

第二章
财富管理与互联网金融

在明确了互联网金融的基本含义后，我们发现，不知不觉间，互联网金融已经蓬勃地发展起来了。而目前互联网金融领域出现的产品，主要是各类相对单一、零散的金融产品，而各参与机构的目标基本也都是集中于这些金融产品的销售，尚未在该领域内出现"财富管理"的概念。本章中，我们将前瞻性地审视互联网金融的发展方向，并探讨财富管理在其中的作用。

第一节　互联网金融的盈利模式

一切企业行为的根本目的都是为了扩大盈利。从企业的角度看待互联网金融的发展，我们首先要搞清楚的就是互联网金融的盈利模式。

一、互联网的传统盈利模式

在探讨互联网金融的相关问题之前，先来简要审视一下互联网这个行业本身的盈利模式，以便分析参与金融活动对互联网企业的作用。互联网行业发展非常迅速，新的盈利点层出不穷，难以穷举。为了对互联网企业的传统盈利模式有所了解，我们选择国内外最重要的一些互联网企业，看看这些企业的盈利模式。

（一）国外互联网企业代表

1. Google

Google 的盈利模式主要就是围绕"广告+互联网增值服务"。广告方面，Google 靠在搜索引擎中推荐或屏蔽信息向企业收费；而互联网增值服务方面，主要源于对 Google 旗下 Gmail 等互联网产品的升级服务。

2. Facebook

Facebook 是全球最大的 SNS 社区，盈利模式主要是"广告+互联网增值服务+Open API 分成"。广告方面，Facebook 在每个用户的 Facebook 页面上投放平面广告，收取企业的广告费；互联网增值服务方面，Facebook 用户可以直接付钱购买虚拟礼品，这是很多社区网站比较重要的利润来源。Open API 分成，即将自身的数据开放，让应用开发者根据已有的数据进行二次应用开发，这些开发商可以基于 Facebook 提供的平台去进行任何网络服务，如电子商务、机票酒店预订、电子银行等；而到 Facebook 平台上应用开发商足够多的时候，Facebook 就可以向这些商家推出增值服务，并收取费用了。

3. Amazon

Amazon 是传统的 B2C 公司，盈利模式在于商品的买卖差价，产品销售主要分为"电子产品+媒体产品+其他日用产品"三大部分。

4. Ebay

Ebay 属于 C2C 电子商务网站，它的盈利模式在于"商铺会员费+交易佣金+广告"。商铺会员费是向接受增值服务的商铺收取会员费，交易佣金是在二手物品拍卖业务中取得成交金额一定比例的抽成，广告则与一般网站的广告业务类似。

（二）国内互联网企业代表

1. 腾讯

腾讯的盈利模式主要就是围绕"互联网增值服务+移动及电信增值服务+广告"。互联网增值服务，也就是我们熟悉的 q 币等产品，成为腾讯盈利的主力军。

而近期兴起的微信业务，则为腾讯收取推送费用等形式的广告费提供了支持。此外，借助微信平台，腾讯甚至已经开始染指移动支付等互联网金融相关业务，这也体现了互联网企业在互联网金融方面的野心。

2. 阿里巴巴集团

阿里巴巴集团是国内最大的网络公司，旗下有两类最重要的业务——电子商务 B2B 的阿里巴巴和电子商务 C2C 的淘宝。B2B 方面，阿里巴巴本身不直接参与到商品交易当中，只是搭建一个 B2B 所需要的基础平台，提供商品信息。阿里巴巴的盈利模式是"会员费+广告"，具体业务包括出口通、金品诚企、外贸直通车等。C2C 方面，淘宝同样是一个基础平台，也可以通过"会员费+广告"的模式盈利，会员的级别、广告的投放决定了商铺被推送的强度。淘宝另一个不可忽视的盈利模式是与其绑定的"支付宝"，大额的资金沉淀为阿里巴巴集团带来了丰厚的盈利。而在互联网金融行业最新的发展中，这部分资金也成为大家最关注的盈利对象。

3. 百度

百度的盈利模式是"竞价排名+广告"。所谓竞价排名，是一种按效果付费的网络广告推广方式，由百度在国内率先推出。企业在购买该项服务后，通过注册一定数量的关键词，其推广信息就会率先出现在网民相应的搜索结果中。每吸引一个潜在的客户访问，企业就需为此支付一次点击的费用。所谓广告，在百度经营的概念中比较广义，包括"火爆地带"、"品牌专区"等。另外，百度还拥有"百度联盟"这样一个模式，联盟成员包括了大量的第三方网站内容及软件的供应商。百度联盟成员通常包含一个百度搜索工具箱。百度用搜索技术为这些网站服务，使这些网站的客户能够更好地搜索信息，并因此提高了网站访问率。通过在百度联盟成员网站上发布广告，百度公司与百度联盟成员网站的所有者分享广告收入。

4. 三大门户——新浪、搜狐、网易

国内的三大门户网站指的是新浪、搜狐、网易。从三大门户网站的财报可以看出，它们的盈利模式都是"广告+在线游戏+增值业务"。不过，三大门户网站盈利的侧重点却各不相同——新浪的广告营业收入达到总收入的80%左右；而搜狐的在线游戏收入占总收入的50%以上，广告收入则占约27%；网易的在线游戏收入达到87%，广告收入仅占10%。

根据上述8家国内外重要互联网企业的盈利模式，我们可以对现有互联网企业的盈利模式作一总结。

通过这8家互联网企业的利润结构可以看出，在传统的互联网企业中，广告收入是最重要的盈利项目。除了以买卖价差作为主要盈利模式的电子商务网站Amazon，其余每一家企业的财报中，广告营业收入都占很重要的位置。除了广告之外，另一个具备共性的项目就是增值服务。无论多少，增值服务都会在互联网企业的盈利中占有一席之地。

除了广告和增值服务之外，其他盈利模式则主要来源于这些互联网企业自身的经营范围与特点，如百度的竞价排名、Ebay和阿里巴巴的会员费、网易的在线游戏收入等。整体而言，互联网行业的传统盈利模式就是"广告+增值服务+自身特色"这样一种模式。

二、互联网金融的盈利模式

在第一章中，我们已经分析了互联网金融的内涵及该市场的参与主体。以下就从各参与主体的角度，分别观察其盈利模式。

互联网金融行业的参与主体主要有四类：不掌握资产自主生产能力的非金融机构、掌握资产生产能力的非金融机构、同时掌握资金方与资产方的非金融机构、金融机构。

（一）不掌握资产自主生产能力的非金融机构

这是服务于资金方的一类机构，自己并没有自主生产资产的能力，也没有固定的资产来源。这类机构的典型代表就是刚刚涉足互联网金融的支付宝，该机构旗下的余额宝就是这种机构的典型产品。它们凭借已有的庞大客户群形成巨大的资金池，筑巢引凤，吸引资产端，并将资金投资于资产端，从中赚取收益。

从一般金融市场的角度看，这类机构的盈利模式有以下几种：首先是从资金方收取服务费，但是这在现实中很难实现，毕竟客户群是这类机构生存的基础，而愿意向一家非金融机构付费购买金融服务的客户恐怕不多；其次是从产品的交易或保有过程中收取费用，包括顾问费、代销费、尾随收入等，这类费用很难界定到底源于资金方还是资产方，各类产品的收费具体科目也不尽相同，需要依据监管规定和财务报表的需要确定。

这类非金融互联网机构自己并不具备金融产品的生产能力，它们能够生存于互联网金融行业，立足之本就是客群。这类机构往往拥有数量庞大的客群，而对金融产品的需求又是每位客户客观存在的，并且这些金融产品通常可以通过网络这种交易方式完成交易。于是这些机构在经营自己原有业务的基础上，向其庞大的客群销售金融产品，赚取额外的收益。

对于这类机构来说，其立足之本在于庞大的客群，而它们经营的压力也来自于客群。稳定的客群对它们来说，就是稳定盈利的来源。这类机构的客群往往是从其他业务类别中得到的，如余额宝的客户大部分是淘宝网原有的客户。对于这种客群的经营，一般要经历几个阶段。首先，通过各类媒介接触到客户，进而通过自己的服务和产品绑定客户，并深入地经营客户，最终带来稳定的产出。接触客户→绑定客户→经营客户→稳定产出，这就构成了一个客群经营的良性循环。具体的客群经营体系构建方法，我们将在第四章进行详细的讨论。

（二）掌握资产生产能力的非金融机构

这是服务于资产方的一类机构。它们自己能够通过整合、包装等途径生成资产，之后再寻找资金、匹配这些资产。这类机构的主要利润来源就是资产产生的利息，还有来自资金方的资产管理费等。这类机构的典型代表就是阿里巴巴金融。

这一类机构自己掌握了资产生产的能力，它们在互联网金融领域中最主要的需求和压力所在就是资金来源。这类机构的法律主体特点决定了它们不可能成为融资企业的主要资金来源。

我国现行的法律框架并不支持非金融企业直接放贷，对企业这种行为的保护也比较有限。关于非金融企业之间的借贷行为，现行法律、行政法规中并无明确的禁止性规定。但是，最高人民法院 1990 年颁布的《关于审理联营合同纠纷案件若干问题的解答》有清晰的界定，其第 4 条规定："企业法人、事业法人作为联营一方向联营体投资，但不参加共同经营，也不承担联营的风险责任，不论盈亏均按期收回本息，或者按期收取固定利润的，是明为联营，实为借贷，违反了有关金融法规，应当确认合同无效。" 1996 年人民银行颁布的《贷款通则》第 21 条规定："贷款人必须经中国人民银行批准经营贷款业务，持有中国人民银行颁发的《金融机构法人许可证》，并经工商行政管理部门核准登记。"第 61 条规定："各级行政部门和企事业单位、供销合作社等合作经济组织、农村合作基金会和其他基金会不得经营存贷款等金融业务。企业之间不得违反国家规定办理借贷或者变相借贷融资业务。"由此可见，对于非金融企业之间的、以营利为目的放贷行为，我国现行法律原则上是不予支持的，即不予司法保护，发生纠纷时，法院可以认定借贷合同无效。

1996 年《最高人民法院关于对企业借贷合同借款方逾期不归还借款的应如何处理问题的批复》也规定，"企业有关借贷合同违反有关金融法规，属无效合同"。这里所指的"有关金融法规"，当时并不明确，实践中实际上就是指《贷款通则》，别无其他"金融法规"。但是，《贷款通则》有关企业之间借贷行为的禁止性规定是说"不得违反国家规定办理"，也并非"一律不得"；另外"国家规定"是什么规定，从目前看并不明确。近期，在研究修改《贷款通则》过程中，各方分歧意见比较大，但多数意见建议废止这一规定。

由此可见，在中国目前的法律框架下，对企业之间的借贷行为，法律并不强制禁止，"金融法规"体现为有条件的禁止。但是，一旦发生纠纷，法院根据具体情节，可以判定借贷合同无效，对此类借贷行为不予司法保护。也就是说，对这类行为，法律奉行"不禁止、不保护"的原则。

当然，近年来由于企业之间借贷活动大量增加，司法机关对企业之间借贷关系合法性的认识已经发生变化。根据最高人民法院相关司法解释，在处理此类借贷纠纷时，借贷本金受法律保护，出借人有权要求借入方偿付。但是，无论如何，这种低强度的法律保护，是不能支持一家企业以对外放贷款获利作为利润主要来源的。我国现行法律框架下，非金融企业的资本金只能用来做担保，而这种担保行为是没有杠杆的，难以获得足够的利润。

因此，非金融企业在完成资产生产的步骤后，需要找到外部的资金来源，才能完成对这笔资产的投资，从而实现盈利。

我们以阿里巴巴金融的小额贷款服务为例，来了解这类企业的运营模式。

阿里巴巴金融掌握着旗下电商的诸多行为，如这些电商企业主在什么时间、在哪里、同谁做生意、商品数量的变化等，甚至包括对电商企业主个人的性格分析。阿里巴巴金融根据电商的这些日常行为，为电商建立授信体系。

目前，阿里巴巴金融可以提供的代练包括订单贷款与信用贷款。订单贷款实际上是订单质押贷款，只要卖家当前有"卖家已发货"的订单，就可以申请贷款。通常情况下，订单贷款多为商户解决极短期资金流转、调头寸所用，数额较小，淘宝系订单贷款多为六七千元；而信用贷款则是完全的无担保、无抵押贷款，阿里相关业务平台上的商户凭借其信用即可申请获得。信用贷款多用于团队建设、网上店铺装修、软硬件投资等，数额较大。这就是阿里巴巴金融资产生产的过程。

而为了规避上文中所述的非金融机构不能放贷的风险，阿里巴巴集团成立了杭州和重庆两家小额贷款公司，由这两家公司向企业主发放贷款。通过这样的处理，阿里巴巴集团间接地成为了自己的资金方。

（三）同时掌握资金方与资产方的非金融机构

这类机构的经营模式实际上就是目前互联网金融行业中最重要的一类经营模式，即P2P贷款。这类机构以人人贷、宜信等企业为代表。通过长期的网络经营，这类机构既拥有一定规模的能够提供资金的客户群，又具备资产生产的能力。可以说是同时掌握了资金方与资产方，理论上已经具备了独立开展资金融通业务所需的条件。

这类机构的盈利模式其实就是通过撮合交易盈利，发展至今已经出现了很多具体的业务操作模式。这些操作模式归纳起来，主要有以下三类。

1. 交易中介平台

采用此类操作模式的机构将自己作为资金方与资产方的交易中介平台，平台不吸储，不放贷，只提供金融信息服务，资产则由合作的小贷公司或担保机构提供担保。此类平台的交易模式多为"一对多"，即一笔借款需求由多个投资人投资。此种模式对资产采用了外部增信，如果遇到坏账，担保机构会在拖延还款的第二日把本金和利息及时打到投资人账户。经过发展，还出现了有利网这种可以将债权转卖的平台，如果投资人急需用钱，可以通过转卖债权，随时把自己账户中的资金兑现。

2. 债权重组转让

此类操作可以称为"多对多"模式，借款需求和投资都是打散组合的，这类机构以宜信为代表——宜信负责人唐宁自己作为最大债权人将资金出借给借款人，然后获取债权对其分割，通过债权转让形式将债权转移给其他投资人，通过此种路径获得借贷资金。宜信也因其特殊的借贷模式，制定了"双向散打"风险控制，通过个人发放贷款的形式，获得一年期的债权，宜信将这笔债权进行金额及期限的同时拆分，并利用资金和期限的交错配比，不断吸引资金——一边发放贷款获取债权，一边不断将金额与期限错配，不断进行拆分转让。只要保证对外放贷金额不小于所转让的债权，以上循环就可以不断往复。

3. 金融服务平台

这类平台一般有比较大的集团背景，且一般由传统金融行业向互联网金融布局，因此在操作模式上传统金融的色彩更浓，其代表就是陆金所。陆金所是中国平安集团成立的互联网金融平台，注册资本4亿元。陆金所对资产提供了整合、包装及风控的一系列服务，其P2P业务依然采用线下的借款人审核，并与平安集团旗下的担保公司合作进行业务担保。线下审核、全额担保提供了最可靠的增信服务，但成本较高，并非所有的 P2P 平台都能负担。在交易对象上，陆金所采用了"一对一"模式，一笔资产只对应一位投资人，而且投资期限为 1~3 年，所以在刚推出时经常被抱怨产品买不到、流动性不高。为此，陆金所在 2012 年底推出了债权转让服务，缓解了供应不足和流动性差的问题。

以上三种就是同时掌握资金方与资产方的非金融机构目前在互联网金融行业的主要操作模式。

我们综合考虑以上三种操作模式中这些非金融机构的作用，可以看到，这些机构在互联网金融的交易过程中主要担任两种角色——交易组织者以及做市商。

对于交易中介平台模式来说，机构的角色主要是交易组织者——机构提供交易的场所、发布交易的信息、制订交易的规则，同时，机构也提供了相应的代销产品以及支付平台；而对于债权重组转让和金融服务平台来说，它们同时承担了交易组织者和做市商的角色——机构除了提供上述场所、信息、规则、支付平台等服务外，还对资产端进行风险的评估与整合，并通过担保、自有资金购买等方式对资产进行信用增级，这就是做市商角色的体现。

而通过机构担当的这两种角色，可以看出此类非金融机构的盈利模式——作为交易组织者，机构可以通过交易收取部分费用，如申购赎回费；作为做市商，机构可以通过撮合交易、管理资产收取费用，如资产管理费、财务顾问费。

可以看出，同时掌握资金方与资产方的机构是目前互联网金融行业中最主流的一类企业。而以第 1 类机构受制于客群、第 2 类机构受制于资金这样的实际情况看，它们最终也很可能走向同时掌握资金、资产两方的这一步。

（四）金融机构

各类金融机构同样也是互联网金融行业的重要参与者。而在互联网金融发展之前，各类金融机构都已经具备稳定的盈利模式。目前，尚未看出哪一类金融机构通过互联网金融的发展改变了自己的盈利模式。

对于金融机构来说，它们既以互联网金融为一种新兴的重要渠道，又为互联网金融的发展提供了重要的资金来源和产品支持。

对于传统金融机构来说，互联网是其必争渠道。无论是各大商业银行的网上银行，还是与各类互联网紧密合作的基金公司、信托公司，都是金融机构争夺互联网渠道的明显体现。两个典型的例证可以说明互联网渠道对于金融机构的意义。

在支付宝、余额宝的支持下，曾经名不见经传的天弘增利宝货币市场基金已经超越华夏现金增利，成为国内规模最大的公募基金品种，而天弘基金通过与支付宝的合作，也在 2013 年第三季度末由一家规模排名 50 名开外的基金公司一跃进入前 20 名。

除了这种通过互联网获得跨越式发展的新贵之外，一些业已经营几十年的传统金融机构也在孜孜不倦地开发互联网渠道。根据某大型商业银行的数据，该银行财富管理业务已有一半以上的交易规模通过网上银行完成，其中公募基金业务几乎全部通过网上银行交易，受托理财、代销信托受到相关风险控制措施的限制才有部分品种到网点柜台完成，代理保险则由于风险控制的要求，全部在网点柜台完成。

时至今日，对于传统的金融机构来说，互联网已经不是可有可无的一个交易平台，而是必争之地。无论从进攻还是防守的意义看，互联网渠道都有着非常重要的意义。

进攻意义——利用好互联网渠道，金融机构可以获得无边界的客户。金融机构有一个共通的特点，那就是它们营销的产品大部分都不需要实体交割，只要会计、清算的系统构建完毕，就可以凭借一个网络指令完成交易。因此，与以往靠广布网点来扩大服务半径的手段相比，在互联网时代，凭借淘宝、网上银行这样的平台，金融机构可以无限扩展自己的服务半径。上文所述的天弘基金，正是由于充分利用了当前最有价值的互联网平台——淘宝网，才大范围扩展了自己的影响力，从而达到快速扩张的效果。

防守意义——正如上文所言，由于大部分金融产品的交易不涉及实物交割，互联网就很容易成为各类金融产品的交易渠道，且这个交易渠道的交易成本是最低的，足不出户，费用低廉。正因为如此，只要某一产品可以通过互联网交易，客户一般不会选择采用其他更复杂的交易方式。而互联网金融行业内的非金融机构一般都会具备相应的网上交易条件，因此，传统金融机构一旦不能充分利用互联网渠道，就很容易被非金融机构夺走客户。试想，面对同样一款产品，特别是结构相对简单的产品，谁会选择不通过网上交易，而是特地跑到某金融机构的网点去完成购买动作呢？因此，从防守的角度看，互联网金融同样是传统金融行业的必争渠道。

从另一个角度看，对于互联网非金融机构来说，传统金融机构也为互联网金融的发展提供了巨大的支持。一方面，金融机构也是互联网非金融机构资金的重要来源。正如在前文中分析的那样，互联网非金融机构从法律上并不具备成为资金方的资格，除非像阿里巴巴那样通过集团运营拿到相应牌照。因此，具备合法借贷投资资格的金融机构就成为互联网金融最重要的一类资金来源。另一方面，金融机构也是互联网金融中各类金融工具的设计者和参与者。互联网金融企业很多从互联网行业起家，并不具备金融工具开发的传统和能力，大多也不具备募资牌照。因此，需要借助金融机构设计的工具才能完成资金方与资产的衔接，金融机构就可以承担这样的作用。2013 年出现的余额宝和百度百发就是这样的例子——天弘基金和华夏基金成为金融工具的设计者和资产的承接方。

通过以上分析，我们可以看到，互联网金融行业中的各类非金融机构，其盈利模式非常接近传统的金融行业，或从交易中收取费用，或直接获得资产投资的利息收入。这些盈利模式，传统的互联网行业都不具备，而这恰恰都是利润率很高的一些盈利模式。从这个角度上讲，分享传统金融亦即资金融通带来的高额收益，这才是互联网金融吸引人的地方，也是传统金融产生危机感和参与感的地方。

第二节　互联网金融与财富管理的关系

在明晰互联网金融行业各类参与主体的盈利模式之后，我们来探讨互联网金融与财富管理的关系。需要注意的是，金融市场的参与主体有资金方与资产方，财富管理对于资金方与资产方来说，也有不同的含义。

财富管理这一概念，本身是从资金方角度定义的。这里的"财富"，就是资金方手中可供投资的资金；而对于资产方来说，"财富管理"就是寻找资金、匹配资产需求的过程，是融资管理的一部分。

一、财富管理对于不同参与方的含义

（一）资金方的财富管理

对于资金方来讲，财富管理就是管理财富，就是管好钱，并且用钱来生新的钱，也可以说财富管理就是一个"钱生钱"的过程。[①]

无论对于个人资金方还是机构资金方，财富管理通常都包括四个步骤：财富积累—财富保护—财富增值—财富传承。

财富积累是追求财富的起点，有了第一桶金，才有钱生钱的可能。有了钱之后，自然要考虑如何保管好钱。财富无时无刻不处于风险暴露之中，做好财富保护，防止财富在风险中损失就成为财富管理的第二个步骤。而第三个步骤就是财富增值，即追求财富的风险收益，也是人们常说的"富贵险中求"。最后一个步骤则是财富的自我传承和代际传承，对于机构资金方来说，这一步指的是财富的分配。

---

① 王洪栋，张光楹，廉赵峰.财富管理与资产配置［M］.北京：经济与管理出版社，2013.

这四个步骤是一个动态循环的过程。自始至终都是在与"风险"做斗争，从防风险到斗风险最后到赢风险，都离不开对风险的管理和博弈。

谈到这里，我们发现，财富管理的本质就是风险管理。风险管理水平的高低体现了财富管理能力的高低，决定着财富管理结果的差异。

而对于金融市场的资金方来讲，财富已经走入金融市场，准备进行投资，说明资金正处于财富增值这一阶段。

广义地讲，财富实现增值的方法有很多种——购置不动产，借助不动产涨价实现增值；购买股票，借助股票分红和价格的上涨获得增值；取得某种债权，借助债权带来的收益实现增值；抑或收藏古董、艺术品等，通过这些藏品的市场价格提升获得增值。但这些增值手段，无一不伴随着较高的风险——不动产的价格会出现上下波动，在交易时还可能面临流动性风险；股票的价格同样会出现波动，幅度甚至更大；对于债权，最大的风险就是债务人的信用风险；艺术品不但有市场价格的波动，还会面临藏品真伪的问题……所谓"富贵险中求"，上述这些增值的方法，无一不面临着一定的风险。

本质上看，财富有两种属性：一种体现为使用价值，用以换取个人或机构需要的商品、服务等；另一种体现为时间价值，即在资金不被立即使用时所具备的价值。财富增值，就是资金持有者让渡资金的时间价值，换取相应收益的过程。而这种财富的暂时让渡，如果交易信息明确，面临的就是信用风险；如果交易信息不明确，面临的就是未来的市场风险。为了实现财富增值的目标，资金方就必须识别出风险，并通过主动管理这些风险来获得风险溢价，达到财富增值的目标。

因此，对于资金方来讲，财富管理就是管理资金风险、提高使用效率的过程。

（二）资产方的财富管理

对于资产方来讲，财富管理就是各类机构为资产方提供资金的过程。我们在上文中已经论述过，对于掌握资产生产能力的非金融机构来说，其日常经营最大的压力就是资金来源。而对于同时掌握资金方与资产方两端的非金融机构来说，无论承担交易组织者的角色，还是承担做市商的角色，都要为包装成形的资产找到合适的资金方，并撮合交易。它们都承担了资产方的财富管理服务商的角色。

资产方的财富管理要解决几个要点：第一是资金的来源——非金融机构匹配资产、撮合交易，资金方不能由自身承担，必须找到合法的资金来源；第二是资金的稳定——企业对于资金的需求是源源不断的，因此资产方生产资产的过程也是源源不断的，这就需要稳定的资金来承接这些资产；第三是资金属性的匹配——每一笔资产都有一定的风险、收益、流动性特点，资产方财富管理要解决的，就是找到能够匹配这些属性的资金。如果资金与资产的属性不匹配，很可能会衍生出其他的问题。如果资产的收益不能满足资金的要求，资金就存在提前退出再投资的风险；如果资产的期限与资金的要求不匹配，就可能出现项目未完、资金断流的风险。这样的错配带来的结果很严重，甚至可能导致整个项目的失败，资金方同样会遭受很大的损失。因此，资产方需要匹配自身资产与资金的属性。如果找不到期限、收益、流动性非常完美的资金方，那就需要更好的错配技术，以保证资产投资运作的稳定性，这就是"宜信"这种机构的价值。

以上就是财富管理这一概念在互联网金融领域的含义——从资金方的角度来说，财富管理是管理资金风险、提高资金使用效率的方法；从资产方的角度来说，财富管理就是为资产方提供资金的过程，是融资管理的一部分。

二、互联网金融与财富管理

在了解了互联网金融的盈利模式和财富管理在互联网金融领域的含义之后，以下开始探讨互联网金融与财富管理的关系。延续上文的思路，我们从互联网非金融机构和金融机构两个角度来探讨互联网金融与财富管理的关系。

（一）互联网非金融企业开展财富管理的意义

我们还是从互联网金融市场的资金方与资产方这两个角度来审视这个问题，首先来看互联网非金融机构与资金方之间的关系。对于资金方来说，他们与互联网非金融机构开展金融业务的模式很简单，就是试图从这些机构中找到适合投资的产品。无论淘宝的用户找余额宝，还是百度的客户关注百发，都是这样的目的。

在这一过程中，互联网非金融机构的职能就是提供金融产品，而这样的过程本身就是这些机构参与客户财富管理的过程。我们知道，客户财富管理分为财富积累、财富保护、财富增值、财富传承四个步骤，而互联网非金融机构为这些客户找到投资机会，这样的行为本身就参与了客户财富管理中财富保护、财富增值的过程，包含着管理资金风险、提高资金使用效率的意义。无论这些非金融机构推荐的是单一产品还是资产组合，都没有离开财富管理这个范畴。至于以产品导向式的方法营销一些特定的产品，虽然方法未必精确，但这同样属于粗放式的财富管理。

所以说，互联网非金融机构为资金端提供金融产品的过程，本身就是财富管理。

再看互联网非金融机构与资产方之间的关系。对于资产方来讲，互联网非金融机构的作用就是提供资金。无论作为交易的组织者还是做市商，互联网非金融机构都需要为资产找到合适的交易对手，并促成交易。

在这个过程中，互联网非金融机构要将资产包装为产品，并向资金方发售以募集资金。而按照上文的分析，金融产品的募资过程，从资金提供者的角度看就是财富管理。

因此，对于互联网非金融机构来说，为资金匹配产品的过程和为产品寻找资金的过程都是一种财富管理范围内的行为。而非金融机构在互联网金融方面的盈利模式我们在第一节已经谈到，主要是从资产的交易中收取费用，所以，对于互联网非金融企业，不做好财富管理，就没有持续的盈利。

当前，一些互联网非金融机构尚未建立财富管理的意识，但其开展互联网金融实践的路径本身就包含着财富管理的色彩。虽然它们目前处于一种提供高报价产品以吸引资金方的相对简单的业务发展阶段，但随着业务规模的扩大，它们也终将有意识地走上财富管理的道路。

（二）金融机构通过互联网开展财富管理的意义

对于金融机构来讲，我们在前文中已经阐明，互联网是它们的必争渠道。而金融机构利用互联网渠道开展的业务，不仅仅是账户管理、资金结算这样简单，财富管理业务同样是金融机构在互联网渠道必然涉足的业务。

对于金融机构来说，财富管理首先是一个业务品种，一项"中间业务"，即不纳入企业资产负债的业务，以收取交易费和管理费作为盈利手段。这类业务本身就是金融机构传统的业务品种之一，如商业银行的受托理财、代销信托、代销基金、代理保险，证券公司的代销基金，基金公司的基金直销等，都是各类金融机构已经在开展的财富管理业务品种。

从既有的经验看，很多金融机构已经开始了通过互联网开展财富管理业务的实践。如国内的大中型商业银行都已经在自己的网上银行提供了理财、基金等产品的销售服务功能。以下探讨开展财富管理对于金融机构在互联网经营方面的意义。

1. 直接意义——降低成本与拓展客户

直观地看，金融机构在互联网服务中开展财富管理，有两个直接的意义：

（1）降低成本。互联网平台上的财富管理服务，对客户和金融机构来说都能降低成本。对于金融机构来说，通过互联网平台完成财富管理业务的销售服务，可以节约物理网点资源、网点服务人员、单据交接等成本；对于客户来说，通过互联网平台配置各类金融产品，既可以足不出户、节约交通成本，又可以免去网点排队之苦，节约时间成本。财富管理产品种类繁多——一家银行同时在线的理财产品可以有几十、上百款，而同时代销的基金可以有上千只，正因为产品复杂多样，客户在财富管理产品上的交易也比较频繁，对于纸黄金、外汇期权这类高频率交易的投资型业务来说更是如此。这些业务如果能够通过互联网开展，对于金融机构及其客户来说，服务与交易成本的降低都是非常显著的。

（2）拓展客户。客户的财富管理需求是客观存在的，谁能以成本较低的方式满足客户的需求，谁就能获得更多的客户资源。而大部分财富管理产品无须实体交割的属性，也为金融机构利用这类产品拓展客户提供了可能。我们在第一节已经论述，对于金融机构来说，互联网渠道的重要意义就在于可以获得无边界的客户，而服务这些客户最重要的一类工具就是财富管理工具。互联网非金融机构在这方面已经显示了威力——余额宝、百度百发仅凭借一款财富管理产品，就拓展了大量的客户，原本以此为长项的金融机构更应利用长处抓住机会。同时，财富管理还有一个特性，就是将拓展的客户稳定住。财富管理产品往往有一定的期限，在这个期限内，客户资产是稳定的。而到期后，只要能做好基本的承接管理，提供进一步的财富管理服务，客户就能保持相对的稳定。在这方面，金融机构因其产品种类的完善、数量的充足，具备一定的竞争优势。

2. 间接意义——积累客户交易数据

降低成本和拓展客户，这是金融机构在互联网服务中开展财富管理的直接意义。除此之外，财富管理在互联网金融中还有一个重要的价值，这个价值虽不直接带来利润和客户，但是足以改变整个财富管理行业的运行模式。这个价值就在于，积累客户的交易数据。

（1）互联网大数据对财富管理的价值。在认识这个意义之前，应先探讨一下，互联网大数据对财富管理的价值。

前文中，我们已经明确了财富管理在互联网金融领域的含义——从资金方的角度来说，财富管理是管理资金风险、提高资金使用效率的方法；从资产方的角度来说，财富管理就是为资产方提供资金的过程，是融资管理的一部分。

如何达到上述这两个目的呢？

为了达到资金方的这一目的，财富管理机构需要了解资金准确的风险收益特征，包括期限、流动性、收益预期、可承担的风险等。了解了资金方的这些特质，财富管理机构就可以帮助资金方匹配合适的资产，以求资金达到最大的利用效率。而资金的这些特质，特别是资金方本身对风险的承受能力，是需要很多数据来反映的。

为了达到资产方这一目的，财富管理机构需要了解资产方的融资目的、期限、利率成本等，此外最重要的是，要了解资产方的信用资质。和债券的发行评级一样，有了对资产方基本的信用资质评价，才能包装出基于此种信用评价的产品。而对于资产方信用资质的评价，除了资产的投向、期限等，也需要大量的信用数据来评估资产方这家机构本身的信用。

需要注意的是，资金方本身对于这些需求可能有一定的主观描述，但那样的描述未必是客观反映资金属性的，这一特点对于个人资金方来说尤其显著。我们在日常的财富管理业务中已经多次体会到这样的情况——客户自称对风险具备承受能力，一旦产品亏损就出现恶性投诉；客户自称对流动性要求不高，却在产品封闭期内极尽所能地要求赎回——这样的例子不胜枚举。因此，财富管理机构需要依靠一些客观数据来判断资金的风险收益特征，以便准确刻画资金方的需求。同样，资产方的信用风险也不是资产方凭借自身描述就能准确反映的，甚至资产方机构出具的财务报表等数据也未必能揭示出资产方所有的风险，财富管理机构也需要依靠客观数据来判断资产方的信用风险。

总结起来，为了达到为资金方管理资金风险、提高资金使用效率和为资产方提供资金这两个意义，财富管理需要两大类数据：一是资金方的风险收益特征数据，能够据此准确刻画客户需求；二是资产方的信用数据，能够据此制造基于此的信用风险产品。

而互联网对于财富管理的意义就在于，互联网是可以提供这样的数据支持的。互联网是一个由海量数据构成的平台，且互联网数据具备如下一些特点：

数据类别多样化。除了银行、券商等财富管理机构容易掌握的交易数据之外，互联网还可以提供很多其他类别的数据，特别是行为数据。而这些基于行为的数据对于评估客户的风险属性和信用属性有很大的意义。如一个常年在互联网上查询彩票信息的人很可能是一个喜欢投机的人，而一个常年泡在游戏网站上的人则不大可能是一个勤奋、敬业的人。

连续性、动态性。与个人或机构能够主动提供的简历、财务报表等静态数据不同，互联网大数据一般是动态的，且这样的动态是连续的，这样的数据能够反映一个人或一个机构的未来趋势。如一个个体经营者开始频繁地关注各银行的信贷政策，可能表示此人的经营出现了现金流问题。

客观性。各种人、各种企业都在互联网上进行频繁的活动，且这样的活动往往是自然的、不加掩饰的，这样的数据与他们通过主观过滤之后呈现出的数据是完全不一样的。如一家小企业在财务报表中显示了良好的经营情况，销售收入一直保持稳定，但该企业经营者在网上频繁出入法律论坛、搜索律师信息，说明该企业可能面临诉讼风险，而这样的风险是不可能通过财务报表和企业的描述得到的。

同时，互联网数据还具备易于量化、样本充足等特点，这些特点都提高了数据的可利用价值。

正因为互联网数据具备以上这些性质，这些数据就可以成为开展财富管理的数据来源。财富管理机构可以通过对这样的数据进行挖掘，得到很多有价值的信息。

实际上，在当前这种大数据的背景下，一些互联网企业已经在这方面开始行动，并给传统金融机构的经营带来了冲击。

以电商平台为例——电商平台能够实现商流、物流、信息流、资金流的合一，能够凭借这些数据更好地评估和控制风险，因此阿里巴巴、京东商城、苏宁易购等电商平台都成立了小贷公司进军相关领域。目前最活跃的阿里小贷，截至2013年第二季度末，已经为超过32万家小微企业、个人创业者提供融资服务，累计投放贷款超过1000亿元。阿里小贷的贷款业务共分为信用贷款及订单贷款两种产品，应用于淘宝、天猫、阿里三个平台。其中信用贷款无须任何保证，一般贷款期限较长，额度较大，不良率稍高，贷款定价也高。而订单贷款则基本用于商户快速回款，期限短，额度小，且以应收为保证，不良率较低，贷款定价也低。据《阿里巴巴1—10号专项资产管理计划》说明书显示，截至2013年4月30日，阿里小贷按金额计算的不良率为1.23%，而2012年底农业银行的不良率达到1.33%，其他几大国有银行的不良率也在0.9%左右。阿里小贷的不良率并没有显著高于传统的商业银行，且其贷款定价还远高于传统商业银行，这体现出了电商数据的优势。实际上，阿里小贷已经通过多年积累建立了相对成熟的信用评估体系。早在 2002 年，阿里巴巴就在 B2B 平台推出了"诚信通"服务，并引入第三方机构对商户进行信用评估，以帮助采购方更好地鉴别对方的信用水平。

（2）金融机构开展互联网财富管理的间接意义。

通过以上的论述，我们清晰地了解了互联网大数据对财富管理的价值。那么，金融机构开展互联网财富管理的另一个意义也就清晰了，那就是积累客户的交易数据。

传统金融机构利润的重要来源是对风险的定价与交易，这与其在传统经济金融活动中所掌握的信息优势是联系在一起的。但伴随着互联网和移动互联网的普及，以网络为载体的经济活动占比显著上升，传统金融机构的风险识别、定价与交易能力受到挑战，信息优势转向互联网企业。上文中所谈到的阿里小贷就是一个典型的例子。

在这样的背景下，传统金融机构应该更多地发挥其优势，寻找自己容易得到的数据。这里的优势就是金融机构在交易数据方面的优势。

互联网非金融机构能够获得的数据，大部分是基于行为的数据。而金融机构能够获得的数据，则大部分是交易数据。特别是通过财富管理业务，金融机构能够获得客户在财富管理产品方面的交易数据，这对于评估资金方的风险属性和资产方的信用情况有着更加直接的意义。

以资金方的情况为例——如果一个人的资产中，股票基金、对冲基金、外汇和交易资金占绝大部分比重，可以初步判断这是一个投资经验丰富、对风险承受能力很高的人，至少比同资金级别、账户中定期存款和国债占大部分比重的人的风险承受能力要强；而一个在股票投资中交易非常频繁地买入卖出，可以初步判断这是一个喜欢投机的人，至少比同资金级别、一年交易不到 10 次的人喜欢投机。

同时，很多属性不是通过单一的行为数据或者交易数据就能判断清晰的，需要两者的结合。如通过某小微企业经营者频繁关注贷款 P2P 公司的产品，我们无法判断该企业是想借款还是想放贷；通过某人极少购买财富管理产品、活期账户余额长期偏低的情况，我们也很难判断这个人的风险属性。但如果将两者结合起来就可以知道：此人所经营的企业流动性要求极高，或者已经出现了流动性吃紧的状况，这个人本身对资金的流动性要求也一定很高。这种结论仅凭借行为数据是难以得出的。

可以看出，金融机构通过财富管理业务得到的交易数据，其反映出的金融属性更加直接。在大数据时代的背景下，金融机构如果能够通过财富管理业务掌握足够多的交易数据，必然对其保持在核心业务上的竞争力和持续盈利能力带来很大的好处。相比之下，通过传统结算服务获得的结算类数据大部分只能反映客户的流动性管理能力及其交易对手的情况，这些数据对于金融机构未来盈利的帮助相对有限。

综上所述，基于互联网财富管理业务对金融机构的三大意义——降低成本、拓展客户、积累客户交易数据，金融机构在互联网金融领域内也必须开展财富管理。否则，金融机构就将失去未来的盈利能力。

以上就是对财富管理与互联网金融关系的论述。在明确了互联网金融的盈利模式和财富管理在互联网金融中的含义后，我们探寻了互联网金融与财富管理的关系。得出的结论就是：无论是互联网非金融企业还是传统的金融机构，在互联网金融行业中发展，必须发展财富管理。

第三章
互联网财富管理的基础理论

互联网财富管理业务中所应用的基础理论，最重要的内容有两个。首先是财富管理的相关理论，也就是财富管理的方法论。在这一部分中，我们需要解决三个维度的问题：一是基础资产的比例如何确定；二是在投资时机上如何确定；三是资金在时间维度上如何分布。其次是风险管理理论，这是财富管理行业得以在互联网平台上发展的基础。我们要在这一部分明确风险的定义、识别、评价、决策的方法以及相应的定价方法。

第一节　财富管理方法论

互联网财富管理中用到的财富管理方法论，主要包含三个部分。一是资产配置理论中的核心观点和术语，这些术语既是金融学家多年的经验积累和智慧成果，对于开阔和启发组合管理的思维也至关重要；二是经济周期理论在投资中的应用，它能有效地帮助我们识别投资时机在基础资产中的分布；三是人生规划理论，它能有效地帮助我们识别财务资源在时间轴上的分布。

上述三个内容都要从投资学基础理论起步，因为这一系列的理论成果奠定了资产配置的基石。

威廉·夏普（William Sharpe，1985）最早对投资进行了定义：为了（可能不确定的）将来的消费（价值）而牺牲现在一定的消费（价值）。历史上，保罗·萨缪尔森（Paul A.Samuelson，1981）对投资进行如下定义：投资总是实际的资本形成——增加存货的生产，或新工厂、房屋和工具的生产，只有当物质资本形成生产时，才有投资。①

在对投资理论的不断升华与实践中，20 世纪中叶，亨利·马柯维茨（Harry Markowitz，1952）在《金融杂志》上发表了《资产组合选择——投资的有效分散化》一文，标志着现代组合投资理论的开端，该思想从理论上为资产配置进行了清晰描述，至今依然在投资领域占据举足轻重的地位，并进而影响个人和家庭的资产规划。

对于互联网金融企业来讲，应从资产配置理论思想、资产配置在投资领域的应用以及营销实务三个方面了解财富管理方法论，也就是前文提到的资产配置理论、经济周期理论和人生规划理论。

资产配置理论源于马柯维茨在 1952 年发表的学术论文《资产组合选择——投资的有效分散化》，该论文包含了两个重要内容：均值—方差分析方法和投资组合有效边界模型。马柯维茨最早采用风险资产的期望收益率（均值）和方差（标准差）对风险和收益给出了精确定义，将数理统计方法引入到资产组合选择的研究中。他在继承传统投资组合关于收益—风险权衡原则的基础上，通过对证券收益率分布的分析，合理假设证券收益率服从正态分布，因而能够以均值、方差这两个数字特征来定量描述单一证券的收益和风险。其最大贡献是，发展了一个概念明确的可操作的在不确定条件下选择投资组合的理论，该理论进一步演变成现代金融投资理论的基础。该文第一次从数学上明确地定义了投资者偏好，将边际分析原理运用于资产组合的分析研究。这一研究成果在如何合理运用、组合资金，以在风险一定时取得最大收益获得了实质性的突破。

---

① 保罗·萨缪尔森. 经济学 ［M］. 北京：商务印书馆，1981.

而经济周期理论，则为资产配置提供了基于经济周期的理论指导。所谓经济周期，也称商业周期、景气循环。它是指经济运行中周期性出现的经济扩张与经济紧缩交替更迭、循环往复的一种现象，也体现为国民总产出、总收入和总就业的波动以及国民收入或总体经济活动扩张与紧缩的交替或周期性波动变化。在研究投资的短周期体系内，通常把经济周期分为衰退、萧条、复苏和繁荣四个阶段。经济周期理论对经济周期提供了多种划分方法，根据时间长短有 9~10 年的朱格拉中周期、3~4 年的基钦小周期、50~60 年的康德拉季耶夫长周期，还有 20 年左右的库兹涅茨建筑长周期，对于周期形成原因的认识也各不相同。

基于财富管理投资的实践，往往比较重视几年以内的短周期，在这方面，美林证券的一个应用——美林投资时钟（The Investment Clock）做出了有意的探索。美林投资时钟运用宏观经济和经济周期轮动的特点将大类资产在不同宏观经济环境下的风险收益特征进行总结，将经济周期变化与资产和行业轮动有机联系。其核心为经济周期的划分和不同经济周期下基础资产与宏观经济的逻辑关系。

理财规划理论的基石是诺贝尔经济学奖得主美国经济学家弗朗科·莫迪利安尼提出的生命周期消费理论。该理论认为，人按照时间顺序，会出现青年、中年、老年三个阶段，理性的人会在一段很长的时期跨度内规划家庭的消费开支，以便在整个生命周期内实现消费的最优配置。这一理论对理财规划的主要贡献是提供了一种简单的收支计算方式，并且将人定位为一个财务资源可以独立核算。在实践中，有两种运用方式：一是简单的理财金字塔；二是运用到财务规划知识的完整理财规划方法。

以上，我们介绍了资产配置理论、经济周期理论和人生规划理论的基本内容。而针对这三部分理论的详细解读与讨论，请参考本书笔者的另一部著作《财富管理与资产配置》（经济管理出版社 2013 年版）。

第二节 风险管理理论

区别于商业银行、券商、第三方理财等诸多财富管理机构，互联网金融的财富管理并不是单纯地完成资产配置，而是要为资金方提供产品、为资产端提供资金，承担交易组织者和做市商的角色。特别是以阿里巴巴为代表的很多互联网企业还通过成立小额贷款子公司，将自己变相地放在了 B2B 的资金方一端，这就要求互联网企业具备很高的风险管理技术。在此，我们将风险管理的基础理论中与互联网金融相关的部分做一梳理。

一、风险的基本性质

（一）风险的定义

对于风险，至今尚没有一个一致公认的定义。每一个领域内，对于风险的定义都有不同的认知。风险的各种定义可以归结为两大范围：一是风险描述的是波动性；二是风险描述的是损失。在互联网金融领域，风险主要是在研究资产的安全性时衍生出的课题，因此，在我们以下的讨论中，风险主要归为描述损失这一范围内的。

在对损失的描述上，风险也有如下几类不同的定义方法。

1. 风险是损失机会和损失可能性

在风险是损失机会的这种定义下，风险是一种面临损失的可能性状况。当这种可能性的概率是 0 或 1 时，风险就不存在了。这一定义存在一个矛盾，即如果风险等同于损失机会，风险度和损失发生的概率总是相等的。但当损失发生的概率为 1 时，风险却又不存在了，因为必然发生的损失不能叫做风险。

于是，风险的定义出现一个变种，那就是风险是损失的可能性。而在这种定义下，意味着风险体现为损失事件发生的概率介于 0 和 1 之间，这就更接近风险是损失的不确定性的定义。

2. 风险是损失的不确定性

决策理论家把风险定义为损失的不确定性，这种不确定性又可分为客观的不确定性和主观的不确定性。客观的不确定性是实际结果与预期结果的偏离度，可以使用统计学工具加以度量；主观的不确定性是个人对客观风险的评估，它同个人的知识、经验、精神和心理状态有关，不同的人面临相同的客观风险时会有不同的主观不确定性。

3. 风险是实际与预期结果的偏离度

统计学家习惯于将风险定义为实际结果与预期结果的偏离度。如一家机构预计它的 1 万名小贷客户中会有 0.1%在下一年内发生坏账风险，也就是说，在下一年内，发生坏账风险的小贷客户为 10 人。然而，实际结果不太可能会正好是 10 个人，它会偏离预期结果，而这家机构也会预测偏离域是多少，并用统计学的标准差概念来衡量这种风险。

4. 风险是实际结果偏离预期结果的概率

有的学者将风险定义为一个事件的实际结果偏离预期结果的客观概率。在这样的定义下，风险不再是损失发生的概率。如小贷客户年内坏账的概率是 0.1%，而一年之后实际的坏账率通常会与 0.1%产生一定偏差，这一偏差的客观概率也是可以算出来的。这个定义是实际与预期结果的偏离度的变换形式。

在互联网金融领域，风险并不仅仅是上述某一个单一定义。根据风险的这几个定义可以看出，风险由两部分组成：一是风险事件出现的概率；二是一旦事件出现，其后果的严重程度与损失大小。损失的不确定性、损失与预期结果的偏离度都是互联网金融要考察的风险范畴。

（二）风险的形成机理

风险过程显示了风险的形成机理，也显示了风险的构成。最终的后果、损失通常是一系列风险因素和风险事件依次作用的结果。为了准确分析一个风险过程，我们要了解风险形成的机理。

1. 风险因素

风险因素是指促使损失频率和损失幅度增加的要素，是导致风险事故发生的潜在原因以及造成损失的直接或间接原因。如某小企业在运营过程中高度依赖对外出口，这就是导致其未来可能出现汇率风险的风险因素。风险因素通常有三种形态：

（1）物理风险因素，属于有形因素，如建筑材料质量缺陷、汽车刹车片过度磨损等。

（2）道德风险因素，属于无形因素，与人的修养和品质有关，如人的欺诈行为等。

（3）心理风险因素，同样是一种无形因素，与人的心理状态有关，如一定的侥幸心理以及投保保险后不注意对损失的防范。

2. 风险事故

风险事故是指造成损失的偶发事件，是直接或间接导致损失的事故，也可以说是损失的媒介物。风险因素只有通过风险事故才能引发损失，如小企业偷税，后被税务机关稽查、处罚，导致经营破产，其中企业主的侥幸心理和偷税行为就是风险因素，被稽查处罚就是风险事故。

3. 损失

损失是指非正常的、非预期的经济价值减少。需要注意的是，必须同时满足"非预期"和"经济价值减少"这两点才能称为损失。如固定资产折旧，虽然有经济价值减少，但不能称为损失。

4. 风险因素、风险事故和损失三者的关系

解释这三者关系的理论有两种：一是海因里希的骨牌理论；二是哈同的能量释放理论。海因里希的骨牌理论认为，风险因素、风险事故、损失这三张骨牌之所以倾倒，主要是人为因素所致；哈同的能量释放理论认为，之所以造成损失，是因为事物承受了超过其能容纳的能量，且物理因素起主要作用。

整体而言，我们可以把风险因素、风险事故、损失这三者的关系组成一条因果关系链条，即：风险因素的产生或增加造成了风险事故，风险事故又成为损失的直接原因（见图 3-1）。认识这种关系是研究风险理论的基础。

图 3-1 风险因素、风险事故、损失的因果关系链

（三）风险的分类

对于风险要进行分类，以便提供不同的识别思路。风险分类的角度各不相同，一般来说，风险有如下几种分类方式。

1. 按损失产生的原因分类

可分为自然风险、人为风险。自然风险是指由于自然界不可抗力引发的物质损失、人员伤亡；人为风险是指由人的行为、活动引发的风险。人为风险又包含行为风险、经济风险、政治风险、技术风险。

（1）行为风险是指由于个人或团体行为不当、过失及故意行为而造成的风险，如盗窃、渎职、故意破坏等行为造成的损失和不良后果。

（2）经济风险是指由市场预测失误、经营管理不善、商品价格波动、汇率变化等因素造成的风险。

（3）政治风险是指由政局、政策变化引发的风险。

（4）技术风险是指由技术发展的副作用带来的风险，如环境污染。

2. 按风险的性质分类

可分为纯粹风险、投机风险。纯粹风险是指风险结果只会带来损失而无获利机会的风险，也称特定风险，如火灾、洪水、盗抢等。一般而言，纯粹风险事件会以一定规律重复出现，通常服从大数定律，因而较有可能对其进行预测。

投机风险是指既有可能损失也有可能获利的风险，可能是与资产或商业行为有关的风险，也可能是与资本和金融行为有关的风险。投机风险较多变和不规则，大数定律通常对其不适用。

3. 按损失的环境分类

可分为静态风险、动态风险。静态风险是由于不可抗力或人的错误引发的风险，如台风、盗抢等。对当事人而言，有些静态风险可以回避，有些则无法回避。如为了回避空难的风险，一个人可以不乘飞机，但像地震、疾病这样的风险则无法回避。在静态风险面前，人总是处于较被动的地位，能做的只是尽量将损失减少到最低程度，如人类无法阻止地震的发生，只能把房子修得结实一些。静态风险只会带来损失，因此静态风险属于纯粹风险。

动态风险是由市场、需求、技术、组织结构、生产方式的变化带来的风险，如库存积压、经营不善等。对经济单位来说，动态风险是可以管理与回避的，在动态风险面前，人们处于主动的地位，因为他们通常有选择的余地。

4. 按风险的对象分类

可分为财产风险、人身风险、责任风险。财产风险是指财产被损坏、毁灭与贬值的风险，如厂房、设备、住宅、家具遭受的损失。这类风险引发的损失通常是可以货币度量的。

人身风险是指由人的疾病、伤残、死亡给家庭、单位带来的损失，这类风险引发的损失中，一部分可以用货币度量，如因某人伤残而降低的产能、收入，治病的医药费等，但也有一些难以用货币度量，如生命的消逝。

责任风险是指个人或团体的行为违背了法律、合同或道义，给他人造成经济损失或人身伤害的风险。通常情况下，过失人必须承担损害赔偿责任。责任风险同样是一部分可以货币度量，一部分无法以货币度量。

5. 按人的承受能力分类

可分为可接受风险、不可接受风险。可接受风险是指预期的风险事故的最大损失程度在单位或个人的经济能力、心理承受能力的最大限度之内；不可接受风险是指预期的风险事故的最大损失超过了单位或个人承受能力的最大限度。

6. 按风险形成原因分类

可分为主观风险、客观风险。主观风险是由人们心理意识确定的风险；客观风险是指客观存在的、可观察的、可测度的风险。

7. 按风险波及范围分类

可分为局部风险、全局风险。局部风险是指在某一范围内存在的风险；全局风险是一种涉及全局、牵扯面很大的风险。

8. 按风险控制程序分类

可分为可控风险、不可控风险。可控风险是人们能比较清楚地确定形成原因与条件的风险，人们可以采取相应措施控制风险的发生频率，如对汽车定期保养、飞机起飞前的地面保障措施；不可控风险是由于不可抗力形成的风险，人们不能确定这种风险形成的原因和条件，对这类风险无力控制，如地震、台风。

9. 按风险存在的方式分类

可分为潜在风险、延缓风险、突发风险。潜在风险是一种已经存在风险事故发生可能性，且人们可以估计到损失程度与范围的风险，如危房倒塌的风险；延缓风险是一种由于有利条件增强而抑制或改变了风险事故发生可能的风险；突发风险是由偶然发生的事件引发的人们事先无法预料的风险。

10. 按风险责任承担的主体分类

可分为国家风险、企业风险、个人风险。国家风险是指由国家作为风险承担者的风险；企业风险是指企业在进行经营活动中遇到的由企业承担的风险；个人风险是指由个人承担的风险。

11. 按风险的来源分类

可分为特殊风险、基本风险。特殊风险是来源于特定个人的风险，如残疾、身故等；基本风险是来源于某个组织或整个社会的风险，如社会动荡、通货膨胀、企业破产等。

二、风险的识别方法

对于风险，人们应具备一定的识别方法，而对于不同类别的风险，也有不同的识别方法。以下介绍几种常见的风险识别方法。

(一) 现场调查法

现场调查法，顾名思义，就是到风险可能发生的企业、组织等地进行实地调查。现场调查分为以下几个步骤：

1. 准备工作

准备工作包括安排时间、制作调查项目表、参考过往记录、选择重点调查项目等。

2. 现场调查

现场调查的做法一言难尽，很多技巧并不是从书本中获得的，经验更加重要。如一位基金经理曾经通过查看工厂电表转速的方法调查一家企业的实际生产情况，并得到了该企业生产已经停滞的结论，有效规避了投资风险。

3. 现场调查的后续工作

现场调查之后，风险经理就应着手采取行动，评估这些风险，并给予企业一些合理的建议，使其认识到风险的存在并尝试规避这些风险。

4. 现场调查法的优缺点

现场调查法的优缺点都比较明显。优点：风险经理通过这种调查可以获得第一手资料，而不必依赖别人的报告。同时，这种调查获取的信息最真实，还可以使风险经理与基层人员建立良好的关系。缺点：现场调查耗费时间很多，这种成本冲抵了现场调查的收益。而且，定期的现场调查可能使被调查单位有所准备、采取措施隐匿风险，或使得被调查单位疲于应付、流于形式。

(二) 审核表调查法

这是一种可以替代现场调查的方法。风险经理制定审核表，既可以由被调查单位的人员填写，也可以在现场调查时自行填写。大多数情况下，审核表是由其他人根据工作现场的情况填写，因此审核表细节要清晰，内容要明确，调查内容要易于识别，以确保人们能够准确回答问题。另外，风险经理为了完善审核表，还需要请相关专业人士提供指导意见。

审核表调查法的优缺点也比较明显。优点：①这是一种能够获取大量风险信息且成本相对低廉的方法，相比现场调查，审核表在时间和费用上都更加经济；②执行起来简单、迅速；③有利于对企业进行逐年、有效的跟踪监测；④易于修改，其内容能够随企业经营的变动而调整。缺点：由于制定审核表的标准难以确定，可能造成描述不清、填写不准、不客观等偏差，同时，较低的回复率导致表格的完成过程难以控制。

（三）组织结构图示法

与审核表调查法一样，组织结构图示法也是一种以案头工作为基础的风险识别方法。组织结构图主要用于描述公司的活动及结构的不同组成部分，基于组织结构图的这种风险识别方法旨在寻找风险发生的领域。

一个典型的组织结构图示法如图 3-2 所示。

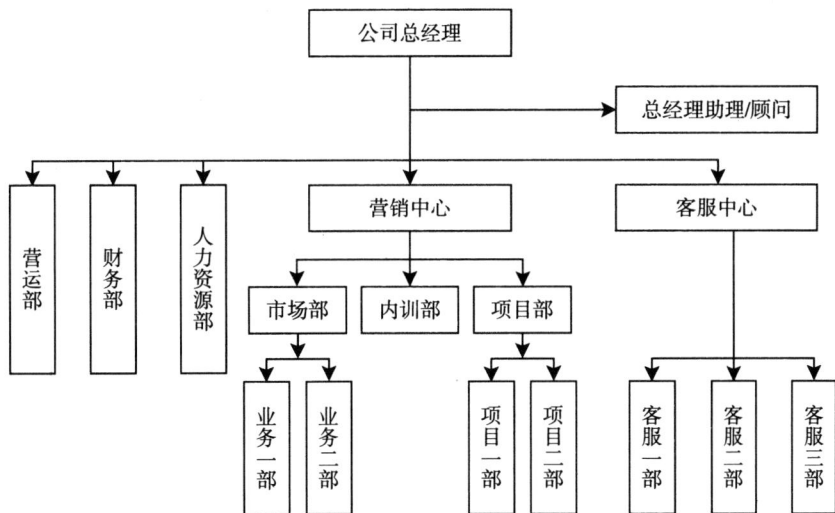

图 3-2 组织结构图示例

通过这样的组织结构图，可以进一步对公司的项目集中度、业务集中度等进行评估，以发现公司的经营风险。

在实体经营公司中，还可以通过组织结构图标明公司的供货商与分销商等，以明确产品供应链是否存在风险。

组织结构图主要用来揭示公司运营的潜在风险，如业务的重复性、供应商的依赖性、分销商的集中性等。

(四) 财务报表分析法

财务报表分析法是以企业的资产负债表、损益表、现金流量表等资料为依据，对企业的固定资产和流动资产等情况进行风险分析，以便从财务角度发现企业面临风险的分析方法。由于财务报表集中反映了企业的财务、经营状况，因此通过报表分析，可以为发现风险因素提供线索和重点。这种方法是风险识别的有力手段。财务报表的分析步骤：①明确分析目的；②收集有关信息；③根据分析目的把整体的各个部分分割开来，予以适当的安排，使之符合需要；④深入研究各部分的特殊本质；⑤提炼信息，解释结果。

财务报表分析的内容主要有三项：一是资本结构与资金分布分析，包括资金来源的合理性分析、资金周转速度的分析等；二是报表趋势分析，通过不同会计期间的数据对比，对企业未来的运营趋势做出预测；三是财务报表的比率分析，包括经营成果比率分析（如 ROE）、权益状况比率分析（如 EPS、杠杆比率）、流动资产状况比率分析（如流动比率、速动比率）。

(五) 事故树法

事故树法最早是由美国贝尔电话实验室在 20 世纪 60 年代从事空间项目时发明的，现在应用已经非常广泛了。事故树法用图形来表示所有可能引发主要事件（事故）发生的次要事件（原因），揭示了个别事件的组合可能会形成的潜在风险的状况。

以一个简单的例子来说明：一个厂商，如果未来半年之内不能回收货款，且银行不给该厂商新的贷款额度，该厂商就面临资金链断裂的风险。图 3-3 就是

"资金链断裂"这一事故的事故树。

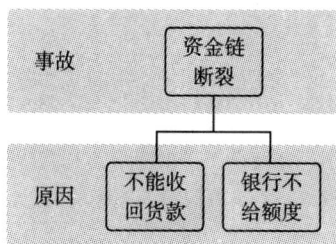

图 3-3 事故树（与门）

还可以给这一事故树中的原因加上数值，即发生概率，以推断"资金链断裂"事故发生的概率。假定不能收回货款的概率是 0.3，银行不给额度的概率是 0.4（见图 3-4）。

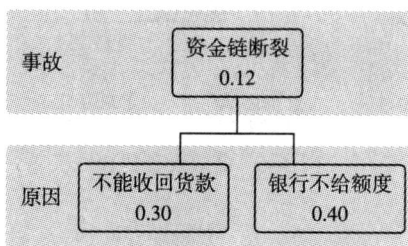

图 3-4 事故树（有概率的与门）

上述事故树中，可能导致资金链断裂的两个事件作为树的两个分支，并通过一个节点连接。只有当两个次要时间同时发生时才会导致事故发生，我们称这样的节点为"与门"。当然，事故树中也有可能是两个或多个事件中的一个就能导致主要事件发生，这时我们就要引入另一个节点或门。如该厂商不能收回货款的原因是：分销商销售不利，或者分销商故意拖欠。那么图 3-5 就是"不能收回货款"这一事件的事故树，这个事故树的节点就是或门。

上述两棵树可以合并为一棵层次更多的事故树，如图 3-6 所示。

我们以这棵事故树来讨论这一方法的优点。第一，事故树可以很好地描述一个复杂的系统或过程；第二，事故树在一开始就考虑了风险的识别——先找到导

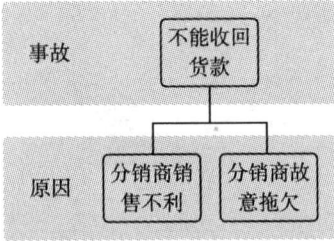

图 3-5　事故树（有概率的或门）

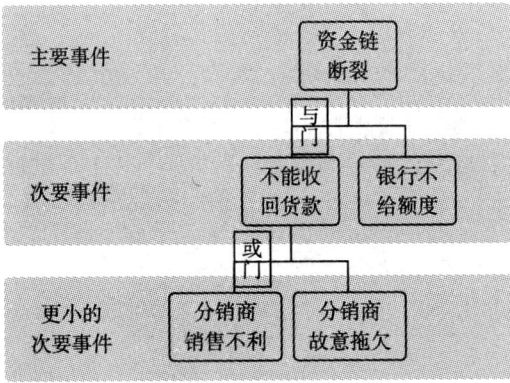

图 3-6　多层次事故树

致资金链断裂的所有事件，然后分析这些事件发生的途径、概率等；第三，事故树方法可以用于考察结果对每一原因的敏感性，确定整个系统中哪一部分对风险影响最大；第四，事故树方法可以考察所有导致主要事件发生的次要事件，更重要的是可以确定导致主要事件发生的最小量的次要事件组合。

当然，我们也应看到事故树方法的缺点。其最主要的缺点就是概率数据的偏差。有概率的事故树是一种对风险分析更加有效的事故树，但这样的事故树的有效性高度依赖于概率的精确。如果次要事件发生的概率出现错误，那么计算得出的主要事件发生的概率也就值得怀疑了。因此，必须把好数据来源关，包括公司内部的经验数据、行业或职业机构的数据、制造商对设备故障率的记录数据、根据公司员工职业判断得出的主观数据等。确保原数据正确，才能确保次要事件的概率正确，事故树得到的结论才更有效。

以上就是几种常见的风险识别的方法。在日常工作中，风险识别的方法应不拘一格、根据实际情况选择。

三、风险评估

风险识别是风险管理的基础，通过风险识别可以将潜在的风险定性并识别出来。但是仅仅知道风险载体可能存在风险是不够的，还要掌握风险发生的可能性和风险一旦发生可能造成的损失，这些问题需要风险评估来解决。

风险评估是在识别风险的基础上对风险进行定量分析和描述的过程，是对风险认识的深化，为风险管理决策和实施各项风险管理技术奠定基础。具体地说，风险评估是在对过去损失资料分析的基础上，运用概率论和数理统计方法，对某一或某几个特定风险事故发生的概率和风险事故发生后可能造成损失的严重程度做出的定量分析。

风险评估有主观和客观两种。客观的风险估计以历史数据和资料为依据，主观的风险评估无历史依据和资料可参考，靠的是人的经验和判断。在某一项目的风险评估中，这两种判断往往要结合进行，因为现实并不总是泾渭分明的。尤其是与新技术发展相关的项目，很难依靠过往经验，主观的风险评估尤其重要。

以下我们依次探讨风险评估的理论基础、流程和具体内容。

（一）风险评估的理论基础

进行风险评估，主要基于以下几个原理：

1. 大数定律及中心极限定理

（1）大数定律。概率论的一条重要定律，它阐述了大量随机现象的平均结果呈现出稳定性的规律。

大数定律有若干个数学表达式，最常见的数学表达式是切比雪夫大数定律：

设 X_1，X_2，$\cdots$，X_n 是一列独立同分布的随机变量，每一随机变量都有有限的方差 σ^2，且它们有公共的上界，则对任意小的正数 ε，满足：

$$\lim_{n \to \infty} P\left(\left| \frac{1}{n} \sum_{k=1}^{n} X_n - E(X_n) \right| < \varepsilon \right) = 1 \tag{3-1}$$

将该定律应用于抽样调查，就会有如下结论：随着样本容量 n 增加，样本平均数将接近总体平均数，这就为统计推断中依据样本平均数估计总体平均数提供了理论依据。

在风险理论中，另一个常见的大数定律表达式为伯努利大数定律：

设 μ 是 n 次独立试验中事件 A 发生的次数，且事件 A 在每次试验中发生的概率为 p，则对任意正数 ε 有：

$$\lim_{n \to \infty} P\left(\left| \frac{\mu_n}{n} - p \right| < \varepsilon \right) = 1 \tag{3-2}$$

该定律是切比雪夫大数定律的特例。其含义是：当 n 足够大时，事件 A 出现的频率几乎接近于其发生的概率，即频率的稳定性。

大数定律的表达式还有多种，证明方法也很多，这里不再赘述。通俗而言，大数定律就是指样本数量很大的时候，样本均值和真实均值充分接近。

以两个简单的例子来说明大数定律表达的现象：在重复投掷一枚硬币的随机试验中，观测投掷了 n 次硬币中出现正面的次数。不同的 n 次试验，出现正面的频率（出现正面次数与 n 之比）可能不同，但当试验的次数 n 越来越大时，出现正面的频率将逐渐接近于 1/2。又如称量某一物体的重量，假如衡器不存在系统偏差，由于衡器的精度等各种因素的影响，对同一物体重复称量多次，可能得到多个不同的重量数值，但它们的算术平均值一般来说将随称量次数的增加而逐渐接近于物体的真实重量。

在风险管理中，大数定律告诉我们，只要被观测的样本足够多，我们就可以尽量准确地估计到风险发生的频率和风险带来的损失。样本越大，估测值与实际值就会越接近。

（2）中心极限定理。也是概率论中最重要的定律，它揭示了随机变量累加的效果，并为累加的随机变量提供了近似的依据。

中心极限定理同样有多个表达式，在这里介绍最常用的林德贝格—勒维中心极限定理。

设 X_1，X_2，$\cdots$，X_n 是一列独立同分布的随机变量，均值为 μ，方差为 $\sigma^2 > 0$，则考察随机变量之和的标准化变量：

$$Y_n = \left[\sum_{k=1}^{n} X_k - E\left(\sum_{k=1}^{n} X_k \right) \right] \bigg/ \sqrt{Var\left(\sum_{k=1}^{n} X_k \right)} = \left(\sum_{k=1}^{n} X_k - n\mu \right) \bigg/ \left(\sqrt{n}\sigma \right) \tag{3-3}$$

该标准变化量的分布函数 $F_n(x)$ 对于任意 X 满足：

$$\lim_{n \to \infty} F_n(x) = \lim_{n \to \infty} P\left\{ \left(\sum_{k=1}^{n} X_k - n\mu \right) \bigg/ \left(\sqrt{n}\sigma \right) \leq x \right\} = \int_{-\infty}^{x} \frac{1}{\sqrt{2\pi}} e^{-\frac{t^2}{2}} dt \tag{3-4}$$

这个定理表明，当 $n \to \infty$ 时，随机变量 Y_n 的分布函数收敛于标准正态分布的分布函数。

由此定理进而得到两个推论：

推论 1：设 X_1，X_2，$\cdots$，X_n 是一列独立同分布的随机变量，均值为 μ，方差为 $\sigma^2 > 0$，但分布函数未知。当 n 充分大时，随机变量之和：

$$X = \sum_{k=1}^{n} X_k \tag{3-5}$$

近似服从正态分布 $N(n\mu，(\sigma\sqrt{n})^2)$。

推论 2：设 X_1，X_2，$\cdots$，X_n 是一列独立同分布的随机变量，均值为 μ，方差为 $\sigma^2 > 0$，但分布函数未知。当 n 充分大时，随机变量均值：

$$\overline{X} = \frac{1}{n} \sum_{k=1}^{n} X_k \tag{3-6}$$

近似服从正态分布 $N(\mu，(\sigma/\sqrt{n})^2)$。

这两个推论表明，无论随机变量 X_1，X_2，$\cdots$，X_n 服从什么分布，只要 n 足够大，它们的和、均值都近似地服从正态分布。

中心极限定理及其推论对于风险管理的意义在于，这些结论为风险管理中样本累加效果的估计提供了理论依据。

2. 类推原理

很多事件的存在和发展伴随着其他事件的存在和发展，因而它们之间也存在着相似关系。如在销售管理中，随着公司的业务范围不断扩张，销售风险也会越来越多。类推原理说明一些相关因素的变化对某一特定因素的影响，这就为回归分析法提供了理论基础。在风险评估中，我们往往会缺乏某一类风险损失的统计资料，或因为客观条件的限制难以获取这些资料，这时根据类推原理、借鉴整体或局部类似销售项目的历史风险统计资料，可以估计目标风险载体的风险状况。

3. 概率推断原理

风险事件的发生是随机的，损失程度也是不确定的，概率论和数理统计理论提供了随机变量的各种分布函数。在估计风险发生概率和损失时，可以先判断随机变量的取值特点和其他特征，继而判断随机变量符合何种概率分布，并确定参数，从而估计风险事件的统计分布。

4. 惯性原理

事件的发展除了受外界作用影响之外，还与其初始状态有关，而某一初始状态又是过往发展的结果。过去的行为不仅影响事物的现在，也影响其未来，因而事物的发展带有一定的延续性，这就是惯性。如一家小微企业所面临的风险类别与属性不会骤然间变得与世界 500 强企业一样，一个风险高度厌恶的客户也不会一天之内变成风险偏好者。

利用事物发展具有惯性的特征去估测风险，通常要求系统具有相对的稳定性，能够保持其基本发展趋势。因此，在利用以往风险资料估测未来的风险状态时，一方面要抓住惯性发展的主要趋势，另一方面还要预测可能出现的偏离。这样既能借鉴历史资料，又可以把握风险因素发展过程中可能出现的偏差，提高风险评估的可靠性。

5. 相关原理

系统结构的特征和事故的因果关系是相关原理的基础。相关是两种或多种客观现象之间的依存关系，相关分析是对因变量和自变量依存关系密切程度的分析。通过相关分析，可以透过错综复杂的现象测定其相关程度，揭示其内在联系。系统的风险源通常无法通过实验进行分析，但我们可以利用事故发展过程中的相关性进行评价。系统与子系统、系统与要素、要素与要素之间都存在着相互制约、相互联系的相关关系，只有通过相关分析才能找出它们之间的相关关系，正确建立相关数学模型，进而对系统危险源做出客观、正确的评价。如分析一家企业的经营风险，可以分析其产品生成系统与原料供应商、产品销售商之间的相关关系，以及整体销量与各经济宏观指标之间的关系，并尝试找到规律。

相关原理对于深入研究评价对象与相关事物的关系、对评价对象所处环境进行全面分析具有指导意义。

（二）风险评估的流程

风险评估是在风险识别之后进行的，其意义在于对识别出的风险完成进一步分析、整理工作，为风险决策提供科学支持。风险评估的流程包括风险估计和风险评价两个阶段。

1. 风险估计的流程

风险估计是对识别出的风险因素进行量化分析和描述的过程，意在探求主要影响因素可能的变化范围以及对整体可能产生的有利或不利影响。对于某种风险，必须先清除它的发生概率及其可能对系统产生的影响程度，才能据此进一步研究，选择正确处理这类风险的方法。

风险估计的流程包括：

（1）收集数据。风险估计的第一步是收集与风险因素相关的数据和资料，这些数据和资料可以从过去的类似风险管理项目经验中总结得出，可以从相关研究或实验中取得，可以在风险识别的实施过程中取得，也可以从市场发展的历史资料中取得。

这一步中收集到的数据，必须要客观真实，且具有较好的统计意义。原始数据收集之后，还必须经过整理。所谓整理是根据研究任务的需要，将收集来的所有数据进行加工、综合，使之条理化、系统化的过程，经过整理的数据应以某种可应用的形式储存，以备后续研究使用。

（2）建立风险模型。以取得的有关风险因素的数据资料为基础，可以对风险事件发生的可能性和可能的结果给出明确的量化描述，即建立风险模型。该模型又分为事件不确定性模型和损失分析模型，分别用以表示不确定性因素与风险因素发生概率的关系以及不确定性与可能损失之间的关系。

（3）风险发生可能性估计和损失后果估计。风险模型建立后，就可以用适当的方法去估计每一风险因素发生的概率及其可能造成的损失。通常，我们用概率来表示风险事件发生的可能性，可能的损失则用损失单位来描述，如经济损失的数额。

（4）风险因素的影响估计。风险发生可能性和损失后果这两个概念往往是有联系的。风险损失大小不同时，其相应发生的机会也不同。通常是将风险因素发生的概率和可能的结果综合起来进行评价。对于风险损失为连续变量的情形，常用分布函数来描述损失与发生频率之间的关系。

对风险因素进行概率估算的途径有两种。一是根据大量实验结果，用数理统计方法进行分析计算，这种方法所得的数值是客观存在的，即客观规律。但实际上，对于有些风险，由于其很难进行实验，且事件又在将来发生，很难获得准确信息，因而很难计算客观概率。这时，就可以采取另一种方法——主观概率，即相关领域经验丰富的专家对事件发生的概率给出主观估计，依照这个概率进行估算。

2. 风险评价的流程

风险估计是对单个风险分别进行估计与量化。而在风险估计之后，还要考虑各单个风险综合起来的总体效果，以及这些风险能否被风险主体接受，这部分内容就是风险评价。在风险评价中，我们要考虑整个被评估项目所有阶段的风险、各风险之间的相互影响以及对风险主体的影响、风险主体对风险的承受能力。风险评价的流程如下：

（1）确定风险评价目标。在进行风险评价之前，先要确定风险评价的目标，这对之后的分析评价是有指导作用的。风险评价的目标要考虑全面，包括项目本身的因素和企业因素都要考虑。

（2）建立风险评价指标体系。风险评价的指标体系至关重要，这个体系要根据一定原则、按照一定要求建立，要保证指标体系的系统、全面、科学。具体地，指标体系的建立包括资料的收集、确定指标体系结构、指标体系的初步确定、指标体系的筛选简化、指标体系的有效性分析、定性变量的数量化等环节。

（3）选择风险评价方法与模型。接下来，要根据项目特点及目标要求选择风险评价的方法。这个评价方法要能反映实际情况，具体包括评价方法选择、权重构造、评价指标体系的标准值与评价规则的确定等。

（4）综合评价实施。在此阶段，我们可以利用上述流程得到的结果，对项目的整体风险情况进行评价。这个阶段的工作包含如下内容：

1）收集指标体系中得到的数据。

2）确定风险评价的基准。风险评价基准就是风险主体针对每一种风险发生后果确定可接受水平。单个风险和整体风险都应有相应的评价基准，而风险的可接受水平可以是绝对的，也可以是相对的。

3）确定项目整体风险水平，这个整体风险水平是综合了所有个别风险的评价之后确定的。项目整体风险水平确定之后，就可以将单个风险与单个评价基准、整体风险与整体评价基准进行对比，进行项目风险等级的判别。

4）对评价结果进行评估与检验，以判别所选评价模型、有关标准、有关权值甚至指标体系的合理性。若不符合要求，则需要进行一些修改，甚至返回前述某一流程中。

整体而言，通过风险评价，风险管理者应完成以下几个任务。首先，要对各个风险进行比较和评价，确定它们的等级和排序。其次，从整体出发，弄清各风险事件之间确切的因果关系，特别是源于一个风险来源的多个风险事件。如目标客户群的可支配收入下降可能引发销售费用超支、销售周期延长、货款回收周期延长等多个风险。最后，考虑各种不同风险之间相互转化的条件，研究如何能化威胁为机会。另外，要进一步量化已识别风险的发生概率和后果，减少风险发生概率和后果估计中的不确定性，必要时根据具体变化情况重新分析风险发生概率与可能的后果。

（三）风险评估的具体内容

风险评估体系说明了风险评估的主要任务。风险管理中，若要进行风险决策，必须从定性、定量两个方面清晰地刻画风险的属性。对每一具体风险来说，需要估计以下四个方面的属性。

1. 每一风险因素最终转化为致损事故的概率和损失分布

在风险发展过程中，并不是所有风险因素都会发展为导致损失的风险事故，通过对其发生概率的判断，就可以对其影响程度和严重性做出相应的判断，并据此进行风险处理的决策。在估计风险分布规律时，可以采用现场调查、经验推断、类比推断、模糊综合评判等方法来估计目标风险的概率分布情况。

2. 单一风险的损失程度

在估计了目标风险的概率分布、了解其发生的可能性之后，还要估计单一风险可能造成的损失程度，损失程度可以依据风险载体的状况、风险的波及范围和可能造成的损失单位来估计。在实际的风险管理中，如果某一风险因素导致事故的可能性很大，但可能的损失却很小，就没必要对这样的风险采取复杂的处理措施。只有综合考虑了风险发生概率和损失程度之后，才能根据风险损失期望来制定风险处置策略。

3. 若干关联的风险导致同一风险单位损失的概率和损失程度

风险管理者在制订风险计划时，一般都会关心在特定风险管理子系统中承担的风险损失期望值，因此有必要从某一风险单位整体的角度，分析多种风险可能造成的损失总和以及发生风险事故的概率。

4. 所有风险单位的损失期望值和标准差

为了掌握风险管理系统总体的风险状况，还应估计总的风险管理系统中的所有风险单位的损失期望值和标准差，也就是将所有风险单位的风险因素叠加后的损失期望值，并估计这个损失期望值与各种可能的损失值之间的偏差程度，即可能损失值的标准差。

四、风险排序与风险度量

在完成对风险的识别、评估之后，还应掌握对风险进行量化比较的方法。以下简要介绍风险排序与风险度量的基本理论。

(一) 风险排序

风险是一种不确定的结果，很难像进行数值比较一样对其进行比较。但是，现实中人们已经形成了一些对于风险的客观大小的感觉。如考虑均值相同、方差不同的两类资产收益，X~N(0，1)，Y~N(0，2)，其中 N(μ，σ^2)是均值为 μ、标准差为 σ 的正态分布。直观上，我们会感觉 Y 的风险比 X 大。

以下介绍几类风险排序的方法。

1. 随机序

设 X 与 Y 为两个非负随机变量，若对所有增函数 g，E[g(X)] 与 E[g(Y)] 存在，有：

$$E[g(X)] \leq E[g(Y)]$$

则称 X 随机地小于 Y，记为 $X \leq_{st} Y$。

从效用的角度看，X 随机地小于 Y，则对所有的决策者而言，损失 X 产生的期望效用要大于损失 Y 产生的期望效用，即对所有的效用函数 u 成立：

$$E[u(\omega_0 - X)] \geq E[u(\omega_0 - Y)] \tag{3-7}$$

对于随机序，可以依如下定理判定：

若非负随机变量 X 与 Y 的分布函数 $F_X(x)$ 与 $F_Y(x)$ 均有导数存在，记为 $f_X(x)$、$f_Y(x)$，且存在 c > 0，满足：

当 $0 \leq x \leq c$ 时，$f_X(x) \geq f_Y(x)$。

当 x > c 时，$f_X(x) \leq f_Y(x)$。

则有 $X \leqslant_{st} Y$。

证明从略。

随机序还具备如下性质：

（1）若 $X \leqslant_{st} Y$，Z 与 X、Y 均相互独立，则有 $X + Z \leqslant_{st} Y + Z$。

（2）若 $N \leqslant_{st} M$，$X_i \leqslant_{st} Y_i$，且 X_i 与 Y_i 对所有 i 相互独立，则有：

$$\sum_{i=1}^{N} X_i \leqslant_{st} \sum_{i=1}^{M} Y_i \tag{3-8}$$

2. 止损序

在探讨止损序的性质之前，我们先来了解止损函数的定义。如果对给定的非负随机变量 X，当 X 的数学期望存在时，称：

$$\pi_X(d) = E[(X - d)_+], \quad d \in [0, +\infty) \tag{3-9}$$

为随机变量 X 的止损函数。

由止损函数的定义易知，$\pi_X(d)$ 是 d 的连续函数，且 $\pi_X(d)$ 是凸函数。

再来了解止损序的定义及性质。

设 X 与 Y 为两个随机变量，且 $E(X_+) < +\infty$，$E(Y_+) < +\infty$。若对所有递增且凸的函数 g，$E[g(X)]$ 与 $E[g(Y)]$ 存在，有：

$$E[g(X)] \leqslant E[g(Y)] \tag{3-10}$$

则称 X 依止损序随机地小于 Y，记为 $X \leqslant_{sl} Y$。

从效用的角度看，若损失 X 依止损序随机地小于 Y，则对于所有的风险回避型决策者而言，损失 X 产生的期望效用要大于损失 Y 产生的期望效用，即对所有风险回避型效用函数 u 成立：

$$E[u(\omega_0 - X)] \geqslant E[u(\omega_0 - Y)]$$

因此，止损序是比随机序更加严格的一种风险排序方式，它对决策者的风险偏好存在特定要求。

对于止损序，可以依如下定理判定：

若非负随机变量 X 与 Y 的分布函数分别为 $F_X(x)$、$F_Y(x)$，满足：

当 $0 \leqslant x \leqslant c$ 时，$F_X(x) \leqslant F_Y(x)$。

当 $x > c$ 时，$F_X(x) \geqslant F_Y(x)$。

而且有 $E(X) = E(Y)$，则有 $X \leqslant_{sl} Y$。

证明从略。

止损序还具备如下性质：

（1）若 $X_i \leqslant_{sl} Y_i$，且 X_i 与 Y_i 对所有 i 相互独立，则有：

$$\sum_{i=1}^{n} X_i \leqslant_{sl} \sum_{i=1}^{n} Y_i \tag{3-12}$$

（2）若 X_i 与 Y_i 是两个独立同分布的随机变量序列，N 和 M 是独立于上述两序列的计数随机变量，且满足 $X_i \leqslant_{sl} Y_i$，$N \leqslant_{sl} M$，则有：

$$\sum_{i=1}^{N} X_i \leqslant_{sl} \sum_{i=1}^{N} Y_i, \quad \sum_{i=1}^{N} X_i \leqslant_{sl} \sum_{i=1}^{M} X_i \tag{3-13}$$

（3）若 $X \leqslant_{sl} Y$，则对任何 $\alpha \geqslant 1$，有 $E(X^{\alpha}) \leqslant E(Y^{\alpha})$。

实际上，对风险的排序不仅有上面这两种，还包括似然比序、高阶止损序、指数序等排序方法，而随机序、止损序是其中应用最广的两种方法。实际应用中，针对不同的具体情形，可以采用不同的风险排序方法。

（二）风险度量

所谓的风险度量，是建立风险随机变量与（非负）数值对应关系的方法。显然，风险度量有很多种方法。对于金融行业中应用的风险度量方法，特别是信用风险的度量，我们将在后面探讨。在这里，我们主要讨论风险度量的标准。

在风险度量标准的确定上，Artzner 等曾经提出了关于一致风险度量的概念，这个概念中的原则被认为是风险度量必须具备的特征。以下简要介绍这几个原则。

1. TI 原则（平移不变性）

设 $\rho(X)$ 为随机变量 X 的风险度量函数，对任意非负随机变量 X 和常数 c，有：

$$\rho(X + c) = \rho(X) + c \qquad\qquad (3\text{-}14)$$

这表明，当风险直接增加一个固定数额时，其风险度量也会增加相同的数额。

2. PH 原则（正齐次性）

对任意常数 $\lambda > 0$，有：

$$\rho(\lambda X) = \lambda\rho(X) \qquad\qquad (3\text{-}15)$$

这表明，改变风险的计量单位不会影响风险度量的结果。

3. Sub-A 原则（次可加性）

对任意两个风险随机变量 X 和 Y，有：

$$\rho(X + Y) \leqslant \rho(X) + \rho(Y) \qquad\qquad (3\text{-}16)$$

这表明，风险的合并或多样化处理不会加大风险，当两个风险不是严格相关时，合并处理将使风险降低。这是风险度量最重要的原则之一，在后面的"贷款组合与集中风险"部分中，我们也将看到对该原则的数理化解释。

4. M 原则（单调性）

对任意两个风险随机变量 X 和 Y，若有 $\rho(X \leqslant Y) = 1$，则有：

$$\rho(X) \leqslant \rho(Y) \qquad\qquad (3\text{-}17)$$

这表明，如果一个风险总是比另一个风险大，则风险度量也会得到相同方向的大小关系。

满足上述四个原则的风险度量称为具有一致性。这是现代风险理论中得到公认的风险度量标准，是财富管理机构确定风险度量方法的基础。

五、信用风险的计量方法

在互联网金融业务中，一个重要的业务领域就是为资产方寻找匹配的资金方，作为资产方融资管理的服务者。这个过程是对风险管理理论集中应用的过程——互联网金融的参与者要对企业信用风险进行评估，并对其信用风险定价。在这一部分中，我们将探讨信用风险的计量方法，具体包括单笔贷款的信用和违约风险分析，以及对风险的计量与定价模型。在下一部分中，我们还将介绍评估

贷款组合风险或贷款集中风险的方法。

互联网金融企业的信用分析部门可以使用多种不同的模型来评估贷款和债券的违约风险。这些模型中，既有比较注重定性分析的，也有比较注重定量分析的。当然这些模型也并不是互相排斥的，可以使用一个以上的模型来进行贷款定价和贷款限额的决策。以下分别介绍定性模型、信用评分模型。

（一）定性模型

定性模型的方法就是根据与资金方信用质量相关的一些信息，对资金方的信用质量做出判断。

一般来说，所收集信息的数量取决于潜在的债务风险大小以及信息收集的成本。当然，在进行风险决策时，有几个关键因素是必须要考虑的。这些因素主要包括与借款人相关的因素，以及与市场相关的因素。由于这些模型依赖于风险经理的主观判断，因此经常被称为专家系统。

1. 与借款人相关的因素

与借款人相关的因素主要包括以下几个方面：

（1）信用记录。借款人的信用记录涉及贷款申请者的信贷历史，如果借款人在过去建立了一种及时还款的历史，那么这将提升借款人的信用评价水平。我国人民银行系统建立的信用记录体系，就是为了帮助各金融机构掌握借款人的过往还款情况。

（2）杠杆比率。借款人的杠杆比率即其总资产中债务与股权的比值，这个比率会对其违约率产生影响，因为大额债务将增加借款人的利息支出。通常而言，相对较低的杠杆比率不会对违约概率产生太大的影响，但杠杆比率超过一定限度后，借款人的违约概率就会上升。

（3）收益波动性。与杠杆比率一样，借款人所经营业务的收益波动性过大也会使借款人无力偿付债务的概率上升。因此，我们可以在贷款市场上看到，与生产消费类产品的公司（如宝洁、雀巢）相比，高新技术产业、文化产业的公司融资成本一般都会相对高一些。

（4）抵押物。抵押物的质量是信用决策中的一个关键因素。为防止借款人违约，许多贷款和债券都以具体的资产为抵押担保的，债权人则对债务人名下的具体资产享有首要求偿权。优质、变现能力强的抵押物将提升借款人的信用水平。

2. 与市场相关的因素

与市场相关的因素主要包括以下几个方面：

（1）经济周期。处在经济周期的哪个阶段，对于财富管理机构评价借款人的信用情况是非常重要的。如在经济衰退时期，能源、汽车等周期性行业企业的经营状况就会比烟草、食品等非耐用消费品行业要差，财富管理机构在评价借款人的信用状况时要考虑这样的因素。

（2）利率水平。高利率水平的环境意味着财富管理机构的资金成本很高，同时，借款人也面临着更高的信用风险，财富管理机构也应予以考虑。

（二）信用评分模型

以上介绍的模型都是与借款人和市场相关的定性因素。为了防止这些因素以纯粹主观的形式进入决策过程，财富管理机构可以采用一些更客观的定量分析方法来对这些因素进行权衡。以下介绍信用评分模型。

信用评分模型属于定量模型，它可以根据所了解的贷款者特征，计算出借款申请人违约的概率，或将借款人归入不同的违约风险等级中。通过对借款人各种特征的了解与整合，财富管理机构可以达到如下目的：以量化形式决定哪些因素对信用风险分析很重要；分析这些因素的相对重要性；改进违约风险的定价手段；较好地识别出高风险借款人；较准确地计算出未来预期贷款损失所需的准备金。

信用评分模型分为两个步骤：线性概率模型或 Logit 模型的建立、线性判别分析。

1. 线性概率模型与 Logit 模型

线性概率模型试图通过过去的数据判断企业未来的违约概率。该模型的构建方法是：将过去的贷款（i）分为两组进行观察：违约贷款（$PD_i = 1$）和非违约贷款（$PD_i = 0$）。然后，通过线性回归来构建这些观察结果与一组因变量（X_{ij}）之间的联系，X_{ij} 用以反映第 i 个借款人过往的信息，如杠杆比率和浮动盈亏等。可以通过如下线性回归来表达该模型：

$$PD_i = \sum_{j=1}^{n} \beta_j X_{ij} + 误差 \tag{3-18}$$

式中，β_j 是对第 j 项变量重要性的估计。

尽管这种方法比较直观，但其主要缺陷在于估算出的违约概率常常超过 0~1 这一区间，而 Logit 模型克服了这个缺陷。在 Logit 模型中，我们将线性概率模型的估算值代入式（3-19）：

$$F(PD_i) = \frac{1}{1 + e^{-PD_i}} \tag{3-19}$$

这样估算出的概率就会稳定在 0~1 的范围内。

2. 线性判别分析

在以线性概率模型或 Logit 模型对借款人的违约概率进行预测后，可以利用线性判别分析结合某个借款人表现出的特征 X_j，将其分为多个不同的违约级别，如对某一行业的公司采取如下评判标准：

$$Z = \beta_1 X_1 + \beta_2 X_2 + \beta_3 X_3 + \beta_4 X_4 + \beta_5 X_5 \tag{3-20}$$

式中，$X_1 =$ 营运资本/总资产，$X_2 =$ 留存收益/总资产，$X_3 =$ 息税前收益/总资产，$X_4 =$ 股权市值/长期债务账面价值，$X_5 =$ 销售额/总资产。

而 β_1，β_2，$\cdots$，β_5 则是模型对于借款人这五个特征赋予的权重。

根据这个线性判别式，Z 值越大，借款人违约的风险也就越低。就可以根据 Z 值的计算结果对借款人进行信用评级。

利用线性判别分析进行风险评估有几个问题。首先，这种模型通常只能对借款人行为中的两种极端情况——违约和不违约——进行区分，而现实中，从拖延付息、停止付息到拖延本息、停止支付本息，程度是不一样的，这表明，为了对借款人的信用行为进行更准确的区分，分析模型应划分出更多的等级。其次，判别函数中的权重不会一直保持不变。最后，模型忽略了一些难以量化的因素，如借款人的过往信用记录以及经济周期等。为此，很多贷款评估机构也建立了一些更新的信用风险模型，以更好地对企业借款人的贷款进行评估。下面简要介绍这几种信用风险计量和定价模型。

3. 信用风险的期限结构

在日常的各类行为中，短期信用行为与长期信用行为的风险评价是不一样的，这就涉及信用风险的期限结构问题。

首先，对于一年期的贷款，如果某企业一年期贷款的收益率为 k，市场无风险收益为 i，那么市场接受的该企业还款概率就是：

$$p = \frac{1+i}{1+k} \tag{3-21}$$

将这个简单模型向长期扩展——对企业在某一年的违约概率称为边际违约概率，即第 t 年的违约概率为 $1 - p_t$。于是，两年的累计违约概率为：

$$c_p = 1 - p_1 p_2 \tag{3-22}$$

而市场对该公司要求的一年远期收益率 c_1 的计算式为：

$$1 + c_1 = \frac{(1+k_2)^2}{1+k_1} \tag{3-23}$$

将这样的模型不断推广，就得到了能够反映企业信用未来情况的长期债务模型。

4. 信用风险的失败率

除了根据当期的利率期限结构推导预期违约率之外，还可以对同级别企业借款的历史进行分析，得到同级别企业过往违约风险经历，即失败率。

这里，设 p_i 为某级别企业贷款第 i 年不违约的概率，则 $1-p_i$ 就是其第 i 年的边际失败率。

$$MMR_i = \frac{\text{该级别企业第 i 年违约价值之和}}{\text{该级别企业第 i 年的负债总价值}} \qquad (3-24)$$

（对前一年的违约、赎回、还款和期限进行了调整）

失败率方法带来的是一种历史和事后的结果，所估算出的违约率以及对未来违约概率的预期，一般会对考察时段比较敏感。此外，这些估计值也受到某一段时间的借贷发生次数、金额总规模的影响。

5. RAROC 模型

RAROC 模型指的是风险调整资本收益模型（Risk-adjusted Return on Capital），其创始者是信孚银行。该模型的核心思想是：信用评价部门不必计算贷款实际的或合约承诺的年收益率（利息和费用净收益/贷款总量），而是将扣除资金成本后的预期利息和费用收益与贷款的预期风险进行比较。因此，RAROC 模型中的分子就是一笔贷款扣除融资成本的净收益，而其分母则是贷款的风险资本。

$$RAROC = \frac{\text{贷款年净收益}}{\text{贷款（资产）风险或风险资本}} \qquad (3-25)$$

可见，RAROC 既是对风险的度量，也是一种贷款定价的工具。只有当 RAROC 高于信用评价机构的资本收益率（ROE）标准时，贷款才能获批。

在 RAROC 模型的应用中，分母的计算是一个难点。一般的方法是：

风险资本 = 贷款有效期限 × 贷款规模 × 风险因素变化引发的预期贷款利率变化最大值 $\qquad (3-26)$

一些机构也采取如下方法计算 RAROC：

$$RAROC = \frac{\text{1 元贷款的年净收益}}{\text{非预期违约率 × 贷款违约损失率}} \qquad (3-27)$$

6. 违约风险的期权模型

这一模型源于诺贝尔奖获得者默顿、布莱克和斯科尔斯等人的开创性工作，其思想是：当一家企业发生借款行为时，它就获得了一种期权，这个期权的选择是违约或还款。如果项目失败、借款人无力还款，他可以选择对债务违约，其损失限于企业的股本；如果项目实施顺利，借款人在偿还本息之后，将拥有无上限的资产收益。KMV 公司将这一思想转变成了一种信用监控模型，这种模型的建立方法如下。

设企业资产的市场价值为 A，贷款的承诺还款额为 B。于是，A > B 时，贷款将得到偿还；A < B 时，债权人将承受 B - A 的损失。贷款的价值始终是 A 与 B 中的较小者，即 $\min[A, B]$。

又设贷款剩余期限为 τ，借款人杠杆比率为 d（其值为 $Be^{-i\tau}/A$），借款人基础资产价值的波动率为 σ^2。以期权估价模型来计算贷款的市场价值，可表示为：

$$F(\tau) = Be^{-i\tau}[(1/d)N(h_1) + N(h_2)] \tag{3-28}$$

其中：

$$h_1 = -[\frac{1}{2}\sigma^2\tau - \ln(d)]/\sigma\sqrt{\tau} \tag{3-29}$$

$$h_2 = -[\frac{1}{2}\sigma^2\tau + \ln(d)]/\sigma\sqrt{\tau} \tag{3-30}$$

更重要的是，如果以利差来表示的话，该公式可以反映出借款人应支付的均衡违约风险溢价：

$$k(\tau) - i = (-1/\tau)\ln[N(h_2) + (1/d)N(h_1)] \tag{3-31}$$

式中，$k(\tau)$ 即风险债务的应得收益，i 为同等期限的无风险收益率，$k(\tau) - i$ 就是该资产的风险溢价。这个公式表明，债权人应该随着杠杆比率 d 和资产波动率 σ^2 的变化而调整风险溢价。

KMV 模型能够计算出风险溢价和违约概率，并具有重要的理论指导意义——在进行信用风险评估时，应集中关注企业资产的市场价值 A 及资产风险 σ^2 等变量，而企业资产的市场价值 A 和波动性 σ^2 均可利用期权定价模型来推算。模拟结果也表明，在预测企业倒闭和危机方面，KMV 模型的结果要优于各种线性判别的 Z 比率模型结果。

以上就是几种信用风险的计量方法。实际上，随着金融市场与信用分析技术的不断发展，信用风险的计量模型也在不断发展。特别是随着互联网金融的发展，财富管理机构利用大数据技术得到的信用相关数据越来越多，可以得到或发展出更多、更精确的模型，对这些模型的发展与运用，是财富管理机构在资产方服务上取得核心竞争力的关键。

六、贷款组合与集中风险

前文我们简单阐述了如何计量单项资产的风险。当然，对于财富管理机构来说，除了每一项资产的风险之外，整体资产的风险也是值得关注的，这会对财富管理机构面临的总体信用风险水平产生影响，并影响整个机构风险管理的运营。以下来讨论评估贷款组合风险或贷款集中风险的方法。

（一）衡量贷款集中风险的简单模型

目前，信用评价机构广泛使用两种简单的贷款集中风险模型，分别是移动分析模型和集中限额模型。

1. 移动分析模型

在移动分析模型中，信用评价部门会跟踪标准普尔、穆迪等外部机构或机构自身的内部评级记录，如果某个行业或某个信用等级中的部分企业信用等级下降过快，那么信用评价部门会建议所在机构停止向该行业发放贷款。

该模型的一种应用工具是贷款移动矩阵，该矩阵可以衡量一组贷款的信用变化状况（见表3-1）。

表3-1　贷款移动矩阵

		年底的信用风险级别			违约概率
		A	B	C	
年初的信用风险级别	A	0.85	0.10	0.04	0.01
	B	0.12	0.83	0.03	0.02
	C	0.03	0.13	0.80	0.04

表中的各行、各列中的数据称为移动概率。以年初B级的资产为例，这类资产到年底上升为A级的概率是0.12，降至C级的概率为0.03。如果由B降至C

的概率显著高于往年，机构就应限制向此类资产放款，或提高信用风险溢价。

2. 集中限额模型

这个模型要求信用分析部门针对某一借款人或某一行业的资产设定明确的信用额度上限。信用分析部门可以根据借款人的资产状况、经营业务计划、当时的经济周期等因素，确定上述集中限额。

一般情况下，财富管理机构可以通过限制某一行业的贷款额度增加其他行业的额度。但当两个行业的业绩高度相关时，财富管理机构可以设定一个低于两行业限额之和的总限额。财富管理机构还可设定地域限额，以规避地域集中的风险。

（二）贷款组合分散化与现代资产组合理论

下面介绍如何使用组合模型理论来解释和确定集中限额。

如果财富管理机构广泛地持有各种资产，设每种资产的预期收益为 R_i，规模在组合中的占比为 ω_i，机构整体的资产组合中共 N 种资产，预期收益为 R_p，则：

$$R_p = \sum_{i=1}^{N} \omega_i R_i \tag{3-32}$$

资产组合收益的方差可以由每种资产的方差计算而来。设资产组合收益的方差为 σ_p^2，每种资产的收益方差为 σ_i^2，资产 i、j 间收益的相关系数为 ρ_{ij}。根据现代资产组合理论，有：

$$\sigma_p^2 = \sum_{i=1}^{N} \omega_i^2 \sigma_i^2 + \sum_{i=1}^{N} \sum_{j=1, j \neq i}^{N} \omega_i \omega_j \rho_{ij} \sigma_i \sigma_j \tag{3-33}$$

根据现代资产组合理论的计算结果，我们可以得到一个启示：利用足够多的资产种类，财富管理机构是能够将大量信用风险分散掉的。如果机构的许多笔资产之间收益的相关性为负值，也就是说资产 i 如果情况不好、资产 j 就会情况很好，那么整体的信用风险就会低于各项资产独立的信用风险之和。并且，风险经理可以找到每一预期收益水平下的最低风险资产组合，这一由各收益水平下的最低风险资产组合构成的资产组合集就是财富管理机构构建资产组合的有效边界。

(三) KMV 资产组合管理者模型

针对许多资产属于很难交易的资产、影响贷款组合分散化模型有效性的问题，KMV 公司开发了一种方法，即资产组合管理者模型。

如果希望找到组合的有效边界，就要在一个模型中对三个要素进行计量——资产 i 的预期收益 R_i，资产 i 的风险 σ_i，资产 i、j 之间的相关性 ρ_{ij}。KMV 模型采用以下方法来计算上述每一项要素。

1. 预期收益

预期收益 R_i 的计算式为：

$$R_i = AIS_i - E(L_i) = AIS_i - EDF_i \times LGD_i \tag{3-34}$$

其含义是：资产的收益等于年度总利差减去贷款预期损失。年度总利差（All-in Spread，AIS）的值等于财富管理机构每年获取的费用收益加上贷款利率与资金成本之差。贷款预期损失等于借款人下一年的预期违约概率 EDF_i 乘以借款人违约时机构的损失 LGD_i。在理想状态下，资产的收益也可以表示为超出期限相同的无风险资产收益水平的那一部分。

2. 风险

风险 σ_i 的计算式为：

$$\sigma_i = UL_i = \sigma_{Di} \times LGD_i = \sqrt{EDF_i(1 - EDF_i)} \times LGD_i \tag{3-35}$$

其含义是资产风险等于贷款预期价值违约率的波动幅度 σ_{Di} 乘以违约损失 LGD_i，违约率的波动幅度与违约损失的乘积称为非预期贷款损失 UL_i，它是对资产风险 σ_i 的计量。为了计算出违约率的波动幅度，我们假设贷款要么违约，要么按期偿付，于是违约事件呈二项分布，资产 i 违约率的方差 σ_{Di}^2 就等于违约概率与（1-违约概率）的乘积，即 $EDF_i(1 - EDF_i)$。

3. 相关性

相关性 ρ_{ij} 的计算式为：

$$\rho_{ij} = 借款人 i 与借款人 j 资产总体回报之间的相关性 \tag{3-36}$$

　　其含义是为了计量两个借款人之间无法观察到的违约风险相关性，KMV 模型用两位借款人总体资产收益来计算，而相关性的计算则以两种贷款过往收益的同步变化为基础。根据 KMV 提供的信息，违约相关性一般都很低，因此，财富管理机构可以通过给众多资产方提供资金而分散资产组合的风险。

第四章
互联网财富管理的框架设计

从本章开始，我们将讨论互联网财富管理业务实际操作层面的内容。其中，本章讨论互联网财富管理业务的框架设计；在后面两章中，将讨论互联网财富管理的风险管理与资产配置方法，以及几类典型财富管理产品在互联网金融平台下的营销方法。

财富管理业务的框架通常包括以下几个维度：客户体系、产品体系、客户关系管理体系以及渠道体系。在互联网财富管理业务中，因客户都来自互联网，渠道相对固定，故不再展开讨论渠道体系。在本章中，我们重点讨论互联网财富管理业务的客户体系、产品体系、客户关系管理体系。

在具体讨论上述几个维度之前，应明确互联网金融发展思路的中心，这个中心决定了我们在设计互联网财富管理业务时的方向。按照这样的思路，我们将互联网财富管理的框架结构概括为一个中心和三大体系。

第一节　互联网财富管理的核心价值观

在展开互联网财富管理的框架设计之前，先要明确互联网金融发展思路的中心。互联网财富管理目前尚属于一个新兴业务，运行模式并不成熟，在开展过程中难免遇到矛盾与取舍。在讨论展开之前确定中心，是为了在面临矛盾、取舍的时候，以我们的核心价值观为判断标准，确定优先顺序。

在传统财富管理业务的发展中，一直有两个方向：一是以产品为中心，通过不断设计具有吸引力的产品来吸引客户、创造利润；二是以客户需求为中心，通过确立并满足客户在财富管理方面的需求，以产品作为满足客户需求和创造利润的工具。

在以产品为中心的体系中，最重要的一点就是产品的要素，与同业竞争的核心也在于产品要素的比拼。这样的体系是基于经济学中理性人的假设而来的——认为客户是纯粹理性、高度逐利的，对于任何产品要素的差别，客户都会选择对自己最有利的那一方。

在以客户需求为中心的体系中，财富管理机构则认为客户的决策是基于理性与感性的结合而来的，除了产品要素的差异外，交易习惯、交易体验、售后服务等也是影响客户选择的因素。因此，这样的机构重视的是客户的综合满意度。

在确定中心之前，我们先来审视互联网金融的两个特点。

产品方面，目前国内财富管理行业的产品都趋于同质化，这一点在互联网财富管理领域更加明显。由于受到监管政策的影响，互联网上可开放的财富管理产品比传统渠道更加有限。同质化的特点，使得不同产品之间的细微差别很容易被识别。

平台方面，互联网是一个汇集大量数据的平台，并且这些数据相互之间是开放的。在这样一个平台下，同类产品之间细微差别的识别，成本是很低的。而一旦出现类似"比价网站"的工具，这样的成本可以几乎为零。

比较类似的情况就是网络机票销售行业。这一行业同样是经营类似的产品，不同点几乎只有价格。在经过多年的竞争之后，终于出现了"去哪儿网"这样一家比价网站，以零成本的方式帮助消费者比较价格、选择购买渠道。结果，"去哪儿网"成了这场价格战唯一的赢家。

产品趋同、比价简单这两个特点，使得互联网财富管理行业的组织形式非常接近微观经济学中市场组织形式的完全竞争市场。在完全竞争市场中，厂商要接受市场的价格，且出让一切经济利润，只能在成本线上维持生存。

在财富管理行业，在产品结构类似、投资标的类似的前提下，产品价格就体现为客户端的收益。可以预见，如果互联网财富管理机构以产品为中心，最终就会导向产品收益的简单比拼。

这样的发展路径在金融行业中并非没有出现过，券商经纪业务就曾走过这样一条路径——在网络时代来临之前，券商经纪业务的主打产品就是证券交易。根据客户等级、费率的不同，券商向他们提供有所区别的服务，在交易优先顺序、交易及时性上都有所不同。后来，电子服务终端和网络终端出现，而在这些终端上，交易服务是无差别的，于是各券商之间经纪业务的差别就只剩下了佣金费率。很快，券商经纪业务就陷入了一片价格战中。而这样做的结果是，经过一段时间之后，各家券商的费率最终都被压到了勉强与成本线持平的位置，行业利润整体下移。

这个结果的出现是可以用经济学理论解释的，这就是"路径依赖"理论的体现——产品导向会带给客户难以改变的品牌认知。一旦某券商用低佣金率把客户吸引到这里，无论时间过去多久，客户还是会认为，这家券商的优势就是费率低廉。这种认知产生的路径依赖很难改变，有朝一日这家券商的费用不是最低的了，客户就会去继续寻找价格更低的供应商。无论给予客户什么样的补偿，如研究报告、讲座服务，客户都不会在意，他们只在意这家券商的佣金费率。

基于互联网财富管理行业的这两个特点，通过上述分析和例证，可以看出：以产品为中心的方向，在互联网财富管理这一领域是不可取的。因为这个行业的产品形态趋同、价格比较成本极低，只要走上了拼产品要素、拼价格的道路，就会被客户一直关注价格，机构自身也只能去迎合客户、继续和同业比拼价格。最终的结局就是，所有的超额利润空间被价格战挤出，机构的盈利能力几乎消失。

因此，在互联网财富管理行业的发展中，以产品为中心是不可取的，应该坚持的方向是以客户需求为中心。在这样的模式下，互联网财富管理机构关注的是客户理性与感性相结合的综合服务体验，以优越的体验形成自己的核心竞争力，这样才不会在一个产品类似、数据开放的行业里将客户的关注点引导到价格上。

回顾上文中讨论的两个行业，实际上，无论在机票销售行业，还是券商经纪行业，都有不参与价格战而注重客户体验的"另类"。机票销售行业，携程网整合了机票、酒店、行程管理等多项资源，并附加了过往客户点评等功能，满足了客户对未知旅程进行规划过程中的一些迫切需求，并且凭借综合服务平台的建立降低了交易成本、提升了客户体验，以此形成了大量稳定的客户群。实际上，通过携程网订机票的价格并不算便宜。但是，客户因为需求的满足和优越的体验，也就不会再去其他类似网站挨家比价，间接地忽略了携程在价格上的差异。

在券商经纪行业，中金也是一家另类典型。这家公司充分利用自己在投行、研究等领域的优势，为该公司经纪业务的客户提供了多项附加值服务，如高质量的研究报告、投资策略等。这家公司经纪业务的佣金率远高于市场内大部分券商，但还是拥有一批稳定的高资产客户。

可见，在这种产品趋同、比价简单的行业里，要想拥有稳定的客群和长期的盈利能力，就要坚持以客户为中心。互联网财富管理行业同样如此——业内机构应该以客户为中心，关注客户的需求与感受，在这方面构建核心竞争力，而不要以产品为中心，把自己拖入无休止的价格战中去。

第二节 互联网财富管理的客户体系

明确了一个中心之后，以下分别探讨互联网财富管理行业的"三大体系"。

首先应该确定的体系是客户体系。不同的客户对应着不同的产品需求和不同的客户关系管理模式，客户体系确定之后，其他体系才能围绕着它建立起来。

一、互联网财富管理客户体系的构建原则

在探讨具体的客户体系建立方法之前，先要明确建立客户体系的几个原则。

（一）财务资源有限性

构建客户体系需要投入一定的财务资源，在这里必须注意财务资源的有限性。资源投入自然是吸引客户、留住客户的一种方法，但是任何一家机构想要生存和盈利，其财务资源都是有限的。在这一点原则的确认上，就要与我们已经确立的"以客户需求为中心"的发展方向联系起来。客户的需求并不是都能用财务资源来实现的，一味投入财务资源，会让客户也越来越逐利，最终在与客户的博弈中，机构很难坚持下去。因此，在客户体系建立之初，就应明确"财务资源有限性"这一原则。

（二）产能排序、分群管理

客群是需要分群管理的。我们已经明确了"以客户需求为中心"的发展方向，而每位客户的需求必然是有所区别的。为了提高客户管理效率、为客户提供更有针对性的服务，财富管理机构应该对客户群进行分群管理。

客户群的划分有很多种方法。在目前线下的财富管理领域，大部分机构采用的客群划分方法都是依照资产量划分。采取这种方法，主要原因是这样构建比较简单、易于理解。而在互联网财富管理这个领域，可以通过互联网大数据分析得到客户的风险属性，从而预知客户的交易能力，因此可以对客群采取更加精细化的划分方法。在目前线下财富管理的基础上，可以将资产量划分的方法进一步细化，采取产能排序、分群管理的模式，来构建互联网财富管理的客户体系。

（三）明确发展定位

构建客户体系之初，财富管理机构就应明确自己的发展定位——是立足顶端客群，还是立足中产阶级群体，抑或是立足年轻群体。

明确发展定位，有两个作用。首先，服务对象本身就是企业形象的一部分，客户会对机构的定位产生品牌认同。在这一点上，在企业建立之初就应予以明

确，如果定位失误，后期调整的难度是很大的。如上文提到的中金公司的券商经纪业务，在建立之初定位就是服务顶端客群，此后的一切服务模式就围绕着这样的定位来搭建，十分清晰，该品牌的优势也一直保持到现在。反观运动行业的李宁，在企业建立之初并未定位于一线品牌，近期屡屡希望将品牌定位向上突破，均告失败，且付出了很大的代价。

其次，明确定位之后，就可以进一步明确每一类客群在整个机构体系中的作用。在财富管理机构中，每一个客户层级的划分都应该有明确的发展方向和目标。而对于不同客群的清晰定位也要源于企业的财务约束和考核目标，如果一个企业对中短期的业绩考核目标较重，那势必造成每个客户群都要成为创利的中心，无法真正有效地执行长远发展目标，而如果一个企业可利用的资源较充分，管理层也注重长远发展，那就可以牺牲部分短期利润考核，而以培养客户、着眼长期创利作为目标。具体地说，如果机构定位于高净值人群，那么对于服务体系内的高净值人群，就应创造尽量多的成交机会；而对于资产量中游的客户，就应该注意培养关系、提升体验，力争输送到定位的目标客群中来，而不要一经接触，立刻开始销售动作，试图创造产能。当然，如果机构定位于低端客户，那么由于上文提到的品牌认同的作用，高净值人群也不会轻易到这家机构接受服务。

以上就是互联网财富管理客户体系构建的几个原则。明确了原则之后，接下来探讨具体的客户体系构建方法。

二、互联网财富管理客户体系的构建方法

（一）线下财富管理的做法和辨析

互联网财富管理行业并不是无本之木，在这个行业兴起之前，线下财富管理早已发展了多年。线下财富管理发展的经验，也可以为线上财富管理行业提供一些参考。

下面针对线下财富管理行业在客户体系构建方面的做法进行一番梳理和辨析。目前，线下财富管理行业主流的客户体系构建方法有两类，即资产量划分法

和业务类型划分法。

1. 资产量划分法

多数股份制商业银行中，客户分层经营开始得比较早，而一些理念领先的商业银行已开始进一步细化客户层次，由过去简单的贵宾服务和普通服务转向多个等级不同资产客户的服务。而大部分商业银行对客户分层的依据，就是客户的资产量。

以目前股份制商业银行通行的做法为例，一般对客户分为 4 个等级（见表 4-1）。

表 4-1 股份制商业银行客户分级体系

	借记卡	贷记卡	服务渠道
大众客户	普卡	普卡	网点、大堂
中端客户	金卡	金卡	大堂理财区
高端客户	贵宾卡	白金卡	财富管理中心
超高端客户 （顶端客户）	私人银行卡	无限卡	私人银行中心

这是目前商业银行最普遍的客户经营方式之一。按照客户资产量对客户等级进行划分，以此对不同等级的客户提供不同的服务和产品，达到有效维护客户的目标。

按照资产量对客户进行划分的前提是不同等级的客户其投资偏好不同，也就是对金融产品的需求具有差异，因此需要财富管理机构为不同等级客户提供不同的服务。

商业银行对于如何划分客户等级进行过多次调整。2004 年，财富管理业务刚刚在国内起步，在一个从未有过客户分层管理的行业内首次提出了贵宾客户的概念，将资产量在 50 万元以上的客户统称为贵宾客户，而这些客户享受到的服务是不用排队、贵宾室接待、专属理财经理等服务。在那个年代，多数银行还延续着垄断行业的思路，并未真正把客户利益作为中心，而商业银行第一次让客户享受到了贵宾级的待遇，因此也赢得了非常好的口碑。2007 年，随着资本市场及房地产市场的火爆发展，财富管理目标客户群迅速扩大，同时也出现了很多资产量在 800 万元以上的高净值客户，由此，国内出现了私人银行服务。同样的，很多银行也在同一年设置了私人银行部门，建立私人银行中心作为物理网点，为这些超高端客户提供服务。而对于私人银行客户的服务内容，除了私密、奢华的物理网点布置外，还有更多的增值服务，包括高尔夫、收藏鉴赏、游艇会等高端活动。2009 年，很多商业银行又将资产量在 3 万~50 万元的客户划分为中端客群，由于这部分客群数量庞大，其能够享受到的服务就与贵宾级客户有显著差异，通常仅能够享受到专用业务窗口、部分高收益理财、专属理财经理等服务。

回顾商业银行这些年的客户经营路径可以看出，客户体系的建设是与客户结构紧密相连的，随着客户群资产量的变化而变化。这样的过程也带来很多负面效应：第一，客户的预期发生变化，感受不好。在最初进行客户划分时，50 万元以上的客户均被称为贵宾客户，这些客户享受的服务是一致的，在经过几次对客户划分标准的调整后，300 万元以上的高端客户和 800 万元以上的私人银行客户成为了商业银行的关注重点，这势必对原本在 50 万元以上但又未能达到三五百万元资产的客户造成负面效应，其能够享受到的服务水平必然有所下降，客户会产生心理落差，这也是未能管理好客户预期的表现之一。一旦客户的预期提升之后，就很难让其降下来，这可能会给银行造成较大的压力。第二，财富管理机构的财务约束问题。商业银行在最初进行客户群划分时未能考虑到长远的发展趋势，于是向高端客户承诺了很多增值服务。随着这部分客户群的快速增长，必然给银行带来较高的服务成本和财务支出，若银行的财务资源不能及时跟上客户增长的速度，就会造成服务水平下降，不利于这部分客户群的持续维护。这就是我们在上文中提到的"财务资源有限性"原则所应对的问题。

由此可见，对客户群划分标准的不断调整是需要对财富管理机构的财务背景、企业文化进行多方位综合考虑后决定的，而不应该频繁调整，以避免客户预期的不断变化对企业造成负面效果。

此外，我们在客户体系的构建原则中已经提到了，构建客户体系之前，机构要明确发展定位，以确定每一类客群在体系中的作用。如果用一个比喻，可以将客户群的经营管理比作水电站的建设。一种方式是在电力需求的终端建设发电设备，通过水流落差的积累实现在最终站点的集中发电，利用这一过程中水流落差的巨大积累实现在终端的爆发，这种方式类似于客户群经营中每一个层级都是为高端客户群进行积累，而真正的创利是通过高端客户完成的。这种方式对高端客群销售的要求是非常高的，需要能够将提升上来的客户经营好，实现最终产能。同时，这种方式对企业战略发展也有要求，即不能过多地关注中短期的利润，而应该以客户群的培育为主，利润的实现是在最终端实现的，到那时才会真正的爆发。另一种方式是在水流的过程中，每实现部分水流落差就建立一个基站进行发电，在整个过程中可以实现多点发电，而最终端的发电量就不会像第一种方式那样足。这种方式类似于客户群经营中每一个层级客户均要求创利，这样，客户提升就不会成为财富管理机构的经营目标，更多的是关注中短期利润的产生，这种方式适合于重视中短期利润的企业，但是从长期看，如果基础客户群的积累不能够做实，将不利于企业的长远发展。

从这两种方式看，笔者更倾向于前者，即低端客户群的经营目标是客户资产的积累，理财经理的工作重点是资产的提升和客户维护，而实现产能是在高端客群中产生。然而在现实的应用中，很多财富管理机构对不同层级客户的维护目标缺乏清晰的定位，因而导致考核和理财经理的培养目标缺少明确的方向，造成这部分客户群的经营始终不够理想。

2. 业务类型划分法

还有一种客户群划分的方法是按业务类型划分，部分线下机构已经开始了这方面的实践。由于零售银行业务涉及的产品种类繁多，按照业务类型对客户进行分层经营有助于实现对客户的交叉营销，大幅提升营销效率并增强客户与商业银行的黏度。以目前多数商业银行零售业务为例，至少包括开户结算、信用卡、小额贷款、基金、保险、理财、信托、第三方存管、外汇买卖、黄金等多项业务，按照传统的业务模式，由各自业务的产品经理负责相关业务的产品引入、产品分析、考核目标制定、营销推动、后续管理等。在这种模式下，从总分行的角度看，产品经理的管理思路都是各自为战，其目标都是完成自己负责业务条线的任务目标；从支行的角度看，理财经理会从产品导向的角度出发，当一类业务的任务下达后，其目标就是迅速完成该任务，而不一定会从资产配置的角度出发，这样的结果就是管理层很难进行相互融合，执行层损害了客户的利益，更难实现客户的交叉营销和整体维护。

而按照业务类型划分进行客户群管理的核心就是要有一个独立的客户群经营部门，作为全部业务的后台支持，这个部门的核心工作就是对各项业务进行综合管理，其管理的目标不是销售指标是否达成，而是各项业务客户群的交易行为分析、各类客户群产品的配置情况，以大量的数据作为基础，再结合客户的定性分析，最终提炼出各项业务所对应客户群的典型特征。这一特征可以包括客户年龄、职业、性别、需求、家庭背景、资产结构甚至于星座血型等。当对每一项业务找到最佳的客户群或是最适合配置的客户群后，将这些相应的结论反馈至产品经理，在产品经理进行营销推动、产品设计时，就要综合考虑这些因素，以更快的速度找到目标客户，达成销售，而这一流程的实现将会提升营销效率，也会增强理财经理的营销信心。

在按照业务类型进行客户群经营时，也会遇到几个难点。最重要的一点是要建立一套完善的后台支持系统，对客户的交易行为进行真实、完善的数据统计。而对于客户购买的产品，由于多数银行都具备同质化服务，很难确定客户真实购买的金额和交易行为的逻辑，因此就有必要通过营销策划的设计，将客户资产进行集中管理后，再进行客户交易行为的分析，但这一过程是相对缓慢的，其难度也相对较大。除此之外，作为营利机构，如何对这一独立的客户群经营部门制订考核目标也是商业银行面临的一大困难，虽然是后台部门，但其为前台部门的营销支持提供了非常重要的数据和营销策略支持，因此必须制订合理的考核标准和激励机制才能有效激发相关人员的积极性。对于互联网财富管理来说，商业银行的这种客群经营方式是值得研究和借鉴的，因为通过对客户行为进行大数据分析本来就是互联网行业的强项。

以上就是目前线下财富管理行业最主要的两种客户体系构建方法的解读与辨析。有了这些经验和想法，可以更清晰地思考互联网财富管理行业的客户体系。

（二）诱惑与陷阱并存——互联网财富管理的客群特点

在探讨互联网财富管理客群的具体构建方法之前，我们先来看看这个行业的客群整体情况。互联网财富管理的客群用一句话来概括，就是"诱惑与陷阱并存"。

1.互联网的诱惑

谈到互联网的诱惑，其实很好理解。互联网是一个无界限的开放平台，网络上所有活动的个体都有可能成为互联网财富管理的客户。互联网的诱惑概括起来就是：无边界、全民性、品牌的爆炸性。

（1）无边界——互联网消除了服务的边界。由于互联网不存在物理限制，线下财富管理行业在服务边界上的限制得以无限扩展。并且与互联网电子商务行业不同，财富管理行业的大部分产品只是一纸合同，这种产品在电子化之后完全不需要物流，于是地理位置、国界范围等边界限制也消除了。这种无边界的客群，是互联网金融发展的一大诱惑！

（2）全民性——互联网不仅拥有无边界的客户群，而且对于参与者的限制也少了很多。在这一点上，最典型的体现就是众筹网站。众筹在财富管理方面的作用实际上与风险投资类似，都是为一个项目甚至是一个想法筹资，以这个项目或想法未来的盈利作为投资回报来源。风险投资的参与门槛是很高的，对于融资方来说，吸引风投资金需要成熟、完整的项目规划方案和盈利预测，很多时候还需要法律、会计、审计等机构的参与，才能达到起码的募资要求，是否能够成功募资还很难说。对于资金方来说，目前风投单个出资人的投资下限是1000万元，个人投资者甚至很难参与这样的投资项目。但互联网上的众筹则完全打破了这一常规——任何人都可以发起项目，没有门槛限制；任何人也都可以参与投资，十元二十元就可以作为一份投入。纽约著名风投机构 Union Square Ventures 的合伙投资人弗雷德·威尔森（Fred Wilson）曾说："随着众筹市场的逐步建立，风投资本家应开始转变角色。如果众筹市场的发展充满活力，利用资本的方式将不再是向机构融资，市场会出现更有趣的投资手段。未来可能出现的场景是，创业公司需要融资 1000 万美元，但只向风投要求 1/10，另外九成都靠众筹募集。而风投一方则可以通过进入董事会的方式参与运作管理。等到众筹市场越来越大时，风投资本家都可以退休了。"众筹的出现只是一个体现，实际上，如果不考虑监管的因素，由于存在无边界的客群，很多投、融资项目针对单个个体的参与门槛都会大幅降低，"全民性"成为互联网的另一个诱惑。

（3）品牌的爆炸性——正是由于互联网的无边界与全民性，以互联网为平台的金融活动就有了无穷大的客群，一旦一个产品得到广泛的认可，就可能创造出爆炸性的效果。近期最典型的受益者就是天弘基金，其凭借与余额宝的合作由年年亏损一跃进入市场前 20 名，还培养了市场规模最大的单只基金品种。天弘基金也凭借这样的机会实现了品牌价值的爆炸性提升。可以预见的是，在互联网财富管理领域，这样的奇迹还会不断出现，品牌的"爆炸性"是互联网带给大家的又一个诱惑。

2. 互联网的陷阱

互联网具备无边界、全民性的几个特点，使得这个平台看起来充满了诱惑。而带来诱惑的几个特点，同样也是互联网的陷阱。用一句古语概括互联网的特点，就是"水可载舟，亦可覆舟"。

无边界、全民性的互联网平台，带来了与传统渠道不可比拟的客户量。然而为了满足这些客户的需求，互联网财富管理机构的产品供应量也需要大幅超越传统渠道的产品供应量，并且要有能力承受巨量客户带来的服务压力。如果没有能够很好地应对这些问题，会给客户带来很不好的体验，直至客户离开。

2013 年 10 月百度推出的"百度百发"就在这方面准备不足。该产品在销售之前的造势很成功，得到了大量客户的关注。但是产品总额度只有 10 亿元，且百度也没有进行特别的服务器扩容。到了万众期待的销售时刻，百度网站瞬间瘫痪，很多客户刷屏一小时未能进入，而在很多客户尚未成功认购的时候，产品已经关闭认购，导致客户的一片批评声音。

这就是互联网陷阱的体现——一旦某个项目得到全民的广泛认可，就可能会有超越预期的产品需求和服务压力，如果机构应对不佳，会带来比之前广泛认可更大的负面效果。

为了不跌入这样的陷阱，互联网财富管理机构一方面要做好产品和服务方面的准备；另一方面，从根本上说，还要坚持以客户为中心，而不是以产品为中心。以产品为中心的营销思路非常容易陷入互联网的陷阱——一款产品、全民热捧，结果真正销售起来额度有限，且用户体验很差。这样的结果就是，培养出一批逐利型客户。下一款产品只要不再具备同等的价格优势，这些客户就会毫不犹豫地转移。同时，互联网财富管理机构要尊重财务资源有限性的原则——在资源约束的前提下，一家机构不可能无限量发行市场上价格最优的产品，而认清这一点，也是避免跌入互联网陷阱的保证。

（三）具体的划分方式

我们已经回顾了线下财富管理业务主要的客群划分方法，即资产量划分法和业务类型划分法。资产量划分法的好处在于，客户根据资产量的不同，风险承受能力的确会有所不同，所需要的产品也是有差异的。其问题在于，随着社会经济的不断发展，资产量的划分标准是会变化的。但是，如果机构对资产量的要求逐渐提升，可能导致客户感受不佳；另外，增值服务也会受到财务约束的限制，导致客户的服务体验逐渐下降。业务类型划分法是以客户的基本情况和交易数据作为基础的，通过这样的方法可以更加直接地找到客户的需求。当然，这种经营方法需要独立的运作部门和技术支持。

我们在本章一开始就已经明确了"以客户为中心"的观念，在客户体系的构建中同样如此。互联网财富管理的需求分析其实是利用互联网的平台，可以获得更多的数据支持，利用这些数据就可以识别出客户的风险收益偏好，而客户的风险收益偏好，实际上就代表了他的产品需求。由风险收益偏好推出客户需求的过程，可以通过第三章"互联网财富管理的基础理论"中的内容来解决。

在以客户为中心的体系下，客户体系的构建是为了更好地满足客户的需求。而客户需求包含两个维度：一是需要什么类别的产品；二是需要多大的数额。由此，我们可以从这两个维度建立一个矩阵，即客户需求管理矩阵，来划分客群。

该矩阵的构建由两个坐标轴组成，需求的类别为横轴，由客户的风险收益偏好确定；能力为纵轴，由客户的资金量确定。两个坐标轴将整体客户群从两个维度分为四个象限——低风险、低能力客群；高风险、低能力客群；低风险、高能力客群；高风险、高能力客群。从经营角度，上面四类客群又可以被概括为外围客群、主力客群、储备客群、核心客群。

互联网财富管理的客户体系构想如图 4-1 所示：

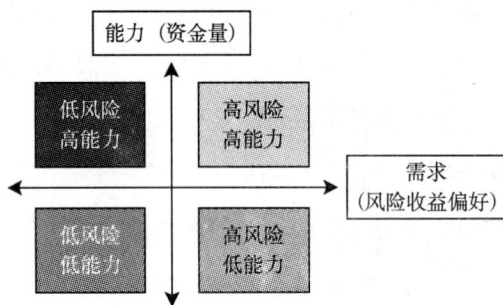

图 4-1 客户需求与风险承受能力

1. 外围客群

外围客群——低风险、低能力，对财富管理产品的需求相对简单，主要集中于固定收益产品和高杠杆的保障型保险。这类客群虽然对互联网财富管理机构的单体贡献有限，且从年龄结构看，大部分此类客户年龄偏大，成长性不足。但是，这类客群数量庞大，且社会关系关联较多，应特别注意其服务体验。

这类客群的经营要点在于：①提供相对标准化的产品配置服务；②培养客户通过电子化手段自助完成交易的能力；③界面友好、流程简化，确保操作简便、快捷，给客户良好的服务体验。

2. 储备客群

储备客群——高风险、低能力，对财富管理产品具备一定的风险承受能力，但当前资产量不大，产品需求主要是高杠杆的保障型保险和定期小额投资产品。这类客群当前对财富管理机构的单体贡献有限，但他们的年龄一般也不大，具备一定的成长性。

这类客群的经营要点在于：①提供有一定互动性的产品配置服务，给予客户一些产品选择的空间；②由于该客群数量庞大，应引导客户尽量采用电子化手段自助完成交易；③在对此类客户的服务中，可适度透出本机构的高端产品与高端服务，着眼于培养客户在本机构打理财富的习惯。

3. 主力客群

主力客群——低风险、高能力，这类客群对产品的需求有一定的复杂性。其投资类需求集中于固定收益类产品，对各类固定收益产品的风险也必须严格区分、合理配置；对保险的需求则十分灵活，因其强大的财务能力，有些风险可以以自身财务覆盖，保险在这类客群中的作用主要是税务规划、遗产规划等作用。由于这类客群资产量较大，是各类机构争夺的对象，因此，更要从客户需求出发、合理配置，并通过不断的资产检视绑定客户。

这类客群的经营要点在于：①提供相对个性化的产品配置服务，给予客户一定范围内的产品大类和产品类别的选择；②可以投入一定的人力成本，采用人工与自动化相结合的服务模式；③此类客户选择的产品大部分是低风险产品，应尽量优化交易流程，降低客户的交易成本；④切勿长期销售简单的固定收益产品，这类客户资产量大，手中信息多，一旦培养为价格敏感型客户，就毫无忠诚度可言。

4. 核心客群

核心客群——高风险、高能力，这类客群不但能力较强，而且希望提高财富的使用效率，并可以为此承担一定的风险。这类客群对产品的需求相对比较复杂，要经过市场分析和客户个体分析，综合得出资产配置建议。同样，这类客群资产量较大，必须通过对其需求的满足来绑定，并通过不断的后续跟踪满足客户的后续需求。

这类客群的经营要点在于：①提供个性化投资方案，针对客户的特点推荐资产大类配置方法与产品组合；②可以投入一定的人力成本，采用人工与自动化相结合的服务模式；③注意风险控制，虽然客户有一定的风险承受能力，但是尽量不要让组合亏损，否则客户容易不满、流失；④对这类客户，更不能长期简单地以固定收益产品来维护，这样的维护方式完全不能满足客户的需求，且容易将客户培养成价格敏感型客户。

以上就是互联网财富管理业务中，对于客户体系划分的探讨。利用自己掌握大数据的资源优势，互联网财富管理机构应清楚地识别出客户的需求，这就为客群经营留下了很好的基础。在客群的经营上，要充分利用这个基础，按照客户不同的需求类别划分客群、管理客户，从而做到我们一直强调的"以客户需求为中心"。

第三节　互联网财富管理的产品体系

有了成熟的客户体系，互联网财富管理机构还要建立相应的产品体系，以满足客户的需求。

回顾过去一段时间互联网财富管理行业的发展，可以看到，该领域内最不成熟的恰恰是产品体系。

我们来观察一些互联网财富管理案例中的典型产品。

余额宝——本质是一款货币市场基金，主打概念是"高收益+快捷"，发行之初的预期收益率曾达到6.3%，后来回归货币市场基金的正常水平。

百度百发——本质同样是货币市场基金，主打概念就是"高收益"。发行之前的宣传中，百度甚至明确宣告该产品年化收益率达到 8%，号召网民"一起来发财"，后来由于监管介入，这一宣传口径没有继续，实际销售时该产品标明的参考收益率为 4.933%。

淘宝"双 11"的保险——淘宝网的保险频道中，保险产品种类比较丰富，但真正有影响力的，还是一些短期投资型产品。2013 年的"双 11"，国华人寿天猫官方旗舰店推出"华瑞 2 号"、"华瑞 3 号"两款万能型产品。其中"华瑞 2 号"计划供应三天（11 月 11~13 日），10 亿元封顶，预期年化收益率 7%，前三年每年保底年化收益率结算利率为 2.5%。1000 元起售，1 年后退保无须任何手续费，无初始费、无保单管理费、无风险保险费。而"华瑞 3 号"的预期年化收益率为 6%，3 亿元封顶，仅在 11 日当天供应，购买 180 天后退保无须任何手续费。最终，"华瑞 2 号"销售了 4.62 亿元，且当日开卖 9 分钟 34 秒，成交金额便突破 1 亿元，成为淘宝"双 11"中花费最短时间成功破亿元的单品单店。"华瑞 3 号"则销售了 5900 万元。

互联网财富管理行业的其他产品，就不在这里一一列举。从上述几款影响力比较大的产品中，我们尝试寻找一些共性。

首先，这些产品无一例外，都以高收益为噱头。余额宝在宣传上一直强调自己的收益是银行活期存款的若干倍，淘宝保险的短期型产品将预期收益率标到 7%，而百度百发更是直接将客户收益标明为 8%，只是后来由于监管干预，没有将这样的口径坚持到底。

其次，这些产品背后的设计并无复杂之处。余额宝和百度百发的背后都是货币市场基金，国华人寿的"华瑞 2 号"则是一款万能险。百度百发原本还设计了一个收益补偿结构，以自有资金同比例认购后将收益转移给客户，以实现客户端的高收益。

通过这些情况可以看出，目前互联网财富管理行业的产品体系中，还是以形态简单、固定收益的产品为主，也只有这种产品能够创造出比较大的影响力和实际销量。然而这些产品，无一例外都是"以产品为中心"的产物。而正如我们在前面讨论的一样,这样的产品发展思路是存在一定问题的。

首先,过度强调收益的宣传方法,将客户训练得非常逐利,不利于培养相对稳定的客户群,也不利于建立持续的盈利能力。若有一天,这家机构的收益率不再是市场最高的,客户马上就会投身他处。这也是"以产品为中心"的思路带来的最大问题。

其次,这些产品为了保持高收益的吸引力,将自己的大部分收益都补贴给了客户,甚至还有像百度百发计划的那样另外贴费用的。然而,每一家企业都是有财务约束的,很难忍受在某一个项目上长期不盈利或亏损。因此,越是宣传自己的产品高收益甚至拿自己的钱来补贴客户,越是走入了互联网"水能载舟,亦能覆舟"的陷阱。客户对超额收益的要求是无止境的,机构不可能满足所有客户的需求,同时,客户的体验也会越来越差,客户也没有任何忠诚度可言。

对于互联网财富管理业务的产品体系建设,应注意以下要点。

一、产品线的完备性

从资金方的角度来说,财富管理是管理资金风险、提高资金使用效率的方式。要满足资金方的需求,首先应提供完备的投资渠道。

与其他各类投资相同,财富管理资金方的投资面临的基础资产包括股权、债权、现金、商品四类。通过对这四种资产的组合,能构建出很多财富管理产品。目前的互联网财富管理,大部分产品是基于债权、现金这两类资产构建的,这种产品线是存在很大问题的。

首先,这样的产品线不能保证持续的盈利增长。基于债权和现金构建的产品,大部分是中短期固定收益类产品或者高流动性产品,这些产品结构简单、预期收益率明确。虽然面临一定的信用风险,但对于信用风险的管理主要都在产品发行机构,客户则不会有太多的感觉。由此,对于客户来说,这样的产品呈现出来的要素非常简单,就是期限、收益率。但是,仅凭这样的产品,是无法满足所有客户需求的。我们在第二节中已经讨论过,根据客户的特点,客户群的划分至少有四个维度。然而，如果仅基于债权和现金构建产品线，对于风险收益属性偏高客户的需求显然无法满足。此外，这样的产品过于简单，太容易引导客户在各机构之间比较价格，一旦客户形成这样的习惯，他的忠诚度就会很差，也很难再接受进一步的资产配置理念。不能满足客户的需求，不能保证客户的忠诚度，也就无法满足盈利的增长。

其次，产品线过偏会导致风险无法对冲。根据"美林投资时钟"理论，经济衰退期是债权投资的好时机，经济滞胀期是现金投资的好时机；但债权和现金类资产也不是没有风险的——在经济复苏期，债券的风险就很大，在经济过热期，现金的风险就很大。而这些风险，是需要其他类别的资产以及金融衍生品去对冲的。市场是无情的，总会有"黑天鹅事件"发生，即便货币市场基金，也不是永不亏损的——2008年9月15日雷曼兄弟公司的倒闭，次日当时市场上历史最久也是规模最大的货币市场基金 Reserve Primary Fund 因为持有雷曼债券发生亏损，其净值在9月16日单日下跌3%，基金资产两天内缩水60%，使得该基金不得不宣布赎回暂停一周。可见，过分单一的产品线，没有给客户提供对冲工具，容易让客户的资产暴露在风险之下，甚至出现亏损。这对于客户和财富管理机构本身都会带来伤害。

因此，互联网财富管理应建设基于四大类资产的完备的产品线。产品线中应包括风险由低到高、流动性由弱到强的各类产品，以满足各类客户的需求。

二、产品线的独立性

那么，互联网财富管理的产品线应该独立重新构建，还是参考线下的财富管理产品线设计呢？根据互联网财富管理自身的特点，笔者认为，这个领域的财富管理产品应该独立于线下财富管理行业，重新构建。

设计独立产品线的原因有两个：第一个是对监管的适应。目前，国内还没有针对互联网领域的财富管理产品发布有针对性的监管法规，尤其是行业内的互联网非金融企业，自身并没有投、融资业务和金融产品代销的牌照，牌照的限制使得这些机构的产品销售服务需要设计更复杂的交易结算过程。

以支付宝的余额宝为例：支付宝本身是没有代销基金牌照的，只有交易结算资格，通过"余额宝"代销基金，是经过巧妙设计的。在这里，余额宝既是一道防火墙，避免支付宝海量客户导入天弘基金，还起到类似"连结基金"的功能。对比目前取得基金第三方代销牌照的机构，支付宝没有建立自己的基金清算、风控等后台系统，也没有起到基金产品投资顾问的推介角色，盈利模式也并非佣金分成。因此，谈不上基金代销。但是，支付宝也确实打了个擦边球，在没有基金销售牌照的情况下，支付宝利用"余额宝"，以交易结算的形式实现了向用户销售基金。适应监管，是互联网财富管理产品的一个独特要求，也是该行业产品必须独立发展的原因之一。

第二个是助互联网的大数据平台，建立风险定价模式。互联网金融本身具备一套新的风险识别体系，可以让本来隐蔽的风险更加明确。于是，互联网金融领域下的资产也就有了新的风险管理规则，可以包装出不同于线下财富管理的资产和产品，著名的大数据分析平台 Zestfinance 就是互联网大数据平台应用的范例。而在国内，阿里巴巴就采取了这样的模式——针对网络商户的短期融资需求，阿里巴巴利用网络店铺无实体店的特点，根据商户的交易量、信誉、评价等内容构造了信用评价体系，并利用该体系对商户给予风险定价、包装出产品。这样的风险定价模式，为互联网财富管理产品带来了全然不同以往的定价空间。也正因如此，互联网财富管理机构的产品设计与管理模式、理念都与线下财富管理有很大区别，更应该建立独立的产品线。

当然，互联网财富管理行业的产品体系构建是一个循序渐进的过程。在行业发展早期，业内机构的很多精力将会花在对监管规定的适应及探索上，需要有一批支付宝、人人贷这样的机构不断在监管的真空地带做出尝试，并完成与监管的磨合。后续监管方面得以明确、规范之后，行业可能会产生集体的跃进，各机构也会把产品体系建设的精力转移到第二个方面，即通过各种手段进行风险定价、包装新型产品。

整体而言，在现有的基础上，互联网财富管理的产品体系还有很大的发展空间。为了适应以客户需求为中心的要求，并充分发挥互联网平台的优势，互联网财富管理的产品线应具备完备性和独立性两个特点。这样成熟的完备体系需要一定的时间去建设，而该体系一旦建成，将成为互联网财富管理行业满足客户需求、实现持续盈利的保证。

第四节 互联网财富管理的客户关系管理体系

客户关系管理是基于客户体系基础上，将客户体系与产品体系有机结合的过程，这一过程是互联网财富管理框架中的重要纽带，也是衔接客户和产品间的桥梁，其地位不言而喻。对于一家互联网财富管理机构，如果有了客户群和产品供应，但是不能将两者恰当的协调和紧密联系起来，就会造成客户与产品的不匹配，在整体产品的销售服务流程中出现问题，最终也会影响整个机构的正常运转。以下为大家详细梳理互联网财富管理的客户关系管理体系的构建思路与方法。

一、客户关系管理的目标

在探讨构建互联网财富管理的客户关系管理体系的具体方法之前，先来明确客户关系管理的目标。实际上，经过第二章的讨论，我们已经知道，互联网财富管理行业发展的目标还是要实现持续的盈利。持续盈利存在的基础，就是要有持续、稳定的客户群。我们在之前讨论的"以客户需求为中心"的基本理念、客户体系与产品体系的构建方法，也都是为了满足客户持续的需求。而客户关系管理的目的，同样是要建立稳定的客户群、让所有客户变为回头客，以使得机构能够凭借持续的营销获利。

那么，在拥有一批客群之后，如何做到稳定、持续地创利呢？在任何行业中，原有客群创利都要经历两个步骤：

(一) 客户要经常接触媒介点

所谓媒介点，就是机构的信息点。在线下财富管理业务中，最主要的媒介点就是各机构的营业网点，此外还有短信、电话等工具亦可作为财富管理业务的媒介点；在线上的财富管理业务中，媒介点可以是网页、网上银行、微信、微博、手机客户端等任何可能为客户带来信息的点。

(二) 客户要购买产品

目前，无论线上还是线下，财富管理行业尚不存在不销售产品、仅凭借收取咨询费就能保持盈利的模式。要实现稳定的盈利，就需要客户以一定的频率稳定地购买产品。

于是，互联网财富管理客户关系管理的目标，就可以细化为这两个内容——如何让客户经常接触媒介点，如何让客户稳定地购买产品。

二、线下客户关系管理的方法

在探讨互联网财富管理如何实现上述两个目标之前，我们先来看看线下的财富管理行业是如何实现这两个目标的。

在促进客户接触媒介点、促进客户购买产品这两个问题上，线下财富管理是凭借"两个一"实现的：一个营销团队、一个营销流程。

(一) 营销团队

线下财富管理行业中，营销团队的组织一般都对应着客户的分群。以商业银行为例——大部分商业银行的营销团队，都是由多个级别的子团队共同构成的。按照第二节我们谈到的商业银行客群划分，每一个客群都有其对应的营销服务团队（见表4-2）。

而上述每一个营销服务团队，因其服务的对象不同，其服务流程与营销重点也都有所不同。在一家成熟的财富管理机构里，每一个团队应该都有相对独立的过程管理与结果考核方法。如在服务大众客户的团队中，重点考察标准化服务的

表 4-2　不同客户群的服务渠道和营销服务团队

	服务渠道	营销服务团队
大众客户	网点、大堂	大堂经理、大堂助理
中端客户	大堂理财区	低柜理财专员
高端客户	财富管理中心	贵宾理财经理
超高端客户（顶端客户）	私人银行中心	私人银行理财经理

执行水平和自助设备转化率；在服务中端客户的团队中，重点考察定期定额类产品的活动量与成交金额；在服务高端客户的团队中，重点考察对客户提供市场建议、投资报告的频率和各类财富管理产品销售量；在服务顶端客户的团队中，重点考察为客户提供资产检视、资产配置等个性化服务的数量以及各类财富管理产品销售量。

与商业银行类似，券商、基金公司、第三方理财等机构的财富管理业务也采取了分级别管理客户的模式，只不过这些机构的客群跨度可能没有商业银行那样大。如中金，对开户客户的资产量是有一定要求的，本身就没有低端客户这一层级。再如很多第三方理财机构，也不接受小额客户的投资。

（二）营销流程

在线下财富管理业务中，同样存在产品导向和客户需求导向两个方向。与线上财富管理的道理一致，目前在线下财富管理行业中发展相对完善、成熟的机构也都是以客户需求为中心建立自己的营销服务流程的。

以客户需求为中心的营销服务流程，其依靠的平台并没有什么特别的不同，主要是面访、电话、短信等传统服务平台；近期，微信等互联网工具也进入了传统线下财富管理行业的营销服务体系中，但其作用主要是交流和信息发布的工具，并不影响整体业务落脚于线下的基本性质。

线下财富管理业务中，相对成熟的营销流程也主要是围绕着客户需求进行的，特别是对于高端客户和顶端客户。这样的流程可简要总结概括为：邀约→面谈→分析→成交→检视。

邀约——这是财富管理营销流程的起始。邀约的话题可能与业务相关，如新产品的上线、新服务的体验，也可能是某些事件，如客户生日或逢年过节，给客户一些回馈礼品等。无论利用什么话题邀约，在这一环节中，都要达到一个目的，就是对客户的需求进行简单的刺激。

面谈——在这一环节中，营销人员应通过各种方式对客户进行全面的了解，包括客户的资产负债情况、家庭情况、性格特征等，以为后面的需求分析打好基础。需要注意的是，这一步必须是面对面的，因为只有面对面的交流，客户才能感受到营销人员的专业能力与职业态度，也只有通过面对面的交流，客户才能与营销人员之间建立信任感。而如果客户没有认同营销人员的专业能力和职业态度，也没有与营销人员之间建立信任感，那么营销人员也很难了解到客户的真实情况。

分析——这是整个流程中技术含量最高的一个环节。在这一环节中，财富管理机构要通过对资产组合理论、理财规划理论的运用，根据在面谈中了解到的客户具体情况，与客户共同分析出他的需求，并通过与客户的沟通、调整，与客户一起认同这样的需求。

成交——这是达成营销结果的环节，这个结果的要点在于流程和服务，应通过合理的流程和服务提升客户的成交体验，为未来的服务做好铺垫。

检视——客户的财富管理需求不是一成不变的，他们的资产负债情况、个人事业平台、家庭成员情况，都在时时发生变化。因此，他们的需求也随时可能变化。对客户的资产进行检视，这是以客户需求为中心的服务体系的必备流程，也是财富管理机构持续利润的重要来源。

以上就是目前线下财富管理业务中，比较成熟的客户需求导向营销服务流程。

三、互联网财富管理客户关系管理的方法

那么，线下业已成形的这一套财富管理营销服务流程，能够为互联网财富管理行业所借鉴吗？互联网财富管理应该采取怎样的客户关系管理方式？

在客群划分这方面，第三节我们已经讨论过，互联网财富管理客群的划分可以采取矩阵式的方式，按照风险高低、能力高低，将客户划分为四个象限，对于每一维度的客户采取不同的客户关系管理方式。参考线下财富管理业务，分别从营销平台和营销流程两个方面，来讨论互联网财富管理针对这四类客户的客户关系管理方法。

（一）互联网财富管理的营销平台

1. 外围客群与储备客群的营销平台

我们在第二节已经讨论过，对于外围客群和储备客群，都应尽量通过互联网渠道完成日常经营，也就是对客户的服务和营销。在这个过程中，应注意操作流程的简单便捷，建立好的客户体验。

当然，互联网平台的经营也不是没有互动的，互联网本身也具备一定的交互功能。因此，互联网财富管理机构还应建立一个客户服务的交互平台。这个平台应该包括标准化互动和个性化互动的功能，力争用标准化互动解决大部分客户的问题。标准化互动可以采取"常见问题"、"关键字回答"等模式，如果标准化互动解决不了客户的问题，再采取个性化互动的方式。

除了解决问题之外，人机互动的另一个作用在于为客户提供匹配的产品。我们开展业务的理念是以客户需求为中心，既然如此，就需要了解客户需求。而在线上服务过程中，通过一定的互动交流，互联网财富管理机构也更容易了解客户的需求。这一点，在下面的"营销流程"部分还将展开论述。

为了提高客户的便利性，也应注意服务平台构建的便利性。除了 PC 平台之外，还可通过手机客户端、微信、微博等工具构造自己的服务平台，以提高服务效率、提升客户体验。

2. 主力客群与核心客群的营销平台

与外围客群和储备客群相比，主力客群与核心客群更需要互动性的服务。一方面，这两个客群的产品需求偏复杂，需要互动性更强的讲解；另一方面，这两个客群本身资产量较大，对财富管理机构的要求也更高。

我们所探讨的服务，是以客户需求为中心的服务。而以客户需求为中心，特别对于资产量较大、产品需求较复杂的客户来讲，就应该有比较充分的个性化沟通，以准确了解客户的需求。

在线下的财富管理服务中，这一点是通过面谈解决的。在互联网财富管理的服务中，是否要引入人工服务完成面谈步骤呢？

总结线下的财富管理服务可以知道，人工服务的意义主要是知识的解读——财富管理是一个相对专业的领域，对于各类投资标的的属性、金融产品的风险收益特征，客户都需要知识的更新才能准确理解，也只有更新了知识、准确理解了这些专业内容的含义，客户才能真正了解这些产品背后的风险，销售风险才能在最大程度上降低。而客户接触新知识的媒介影响着他的理解——指望客户自己看懂复杂的产品结构和产品说明书是不现实的，而标准化的宣传品也不能完全覆盖客户的个性化疑问。因此，在这方面，如果有面对面的人工服务介入，对客户是比较有利的。观察现有的互联网财富管理产品就会发现，无论淘宝、百度，无论销售规模有多大，其销售的产品都是相对低端、简单的产品。截至目前，尚无复杂产品在互联网财富管理领域实现大规模募集的先例。

此外，面对面服务是人际交流中交流效率最高的一种，容易使客户产生信任感。特别对于资产量较高的主力客群、核心客群来说，面对面交流带来的尊贵感觉会让他们更容易接受财富管理机构的理念，也更容易完成交易。

可见，无论从复杂产品的解读要求看，还是从达成交易的难度看，客户都需要面对面的人工服务，至少高端客户是需要的。这两点，对于线上线下的财富管理业务来说都是一样的——互联网财富管理业务同样需要客户清晰地了解产品，特别是相对复杂的产品；同样，互联网财富管理的高端客户也需要个性化、面对面的服务以建立与机构之间的信任。因此，互联网财富管理的客户关系管理，特别是主力客群与核心客群的管理，还是需要人工面对面服务这样的平台。也正因为如此，有实体网点铺设的金融机构在客户关系管理方面是具备一定的竞争优势的。

（二）电子化营销平台的搭建

虽然可以有人工服务的适度介入，但人工服务毕竟不是互联网财富管理服务的主体平台。毕竟，如果想充分发挥互联网财富管理无边界、全民性等优势，就很难全方位地建设人工服务体系，特别是面对面的服务体系。互联网财富管理的营销平台，其主体平台还应该是电子化平台。

而对于互联网财富管理机构来说，应如何利用电子化平台开展营销服务工作？对于这一问题，我们在前面已经有过部分讨论——互联网大数据的存在，使得财富管理机构可以凭借这些数据了解资产方的信用情况，进而利用对资产方信用的管理包装产品；财富管理机构也可以凭借这些数据了解资金方的需求，并寻找合适的资产予以满足。

具体到营销服务工作来说，对于互联网大数据的掌握和应用，应该是互联网财富管理机构区别于传统财富管理机构的要素之一。而这样的资源，可以帮助互联网财富管理机构建立独特的、基于数据库的电子化营销平台。

基于互联网的大数据，互联网财富管理机构可以对每一位客户进行行为分析，并通过这样的行为分析找到该客户的需求。这一步完成后，就可以根据客户的需求向他推荐财富管理产品，达到一击即中的目的。此后，根据客户过往持仓的产品，互联网财富管理机构还可以了解客户的过往盈亏历史，并根据这样的记录为客户提供进一步的财富管理服务。这样，利用互联网数据的管理，就可以形成一个新的需求管理循环：数据分析→需求匹配→业绩跟踪→再次数据分析。

实际上，根据互联网大数据分析客户需求的技术，在目前的互联网行业已经有了很多的应用。如一些图书销售网站，会根据读者的搜索内容推荐相关的读物，以及根据顾客过往的购买习惯推荐新书。在某网站上，读者搜索"活着"，除了余华的《活着》之外，网站还会推荐《许三观卖血记》、《兄弟》等同一作者的作品，以及《麦田里的守望者》、《苏菲的世界》、《穆斯林的葬礼》、《追风筝的人》等类型相似的文学作品，这就是简单利用客户的行为数据进行需求分析的例子。

111

在互联网财富管理行业中，大数据技术的应用可能更加广泛和深入，技术也更加复杂。ZestFinance 就是贷款领域大数据分析的典型机构，而在对资金方客户的数据分析方面，大数据技术同样有广阔的应用空间。如果有了相对成熟的技术，能够通过客户日常行为的分析推出其财富管理需求，"以客户需求为中心"的发展思路也就有了更加稳定的落脚点。在这一点上，还需要互联网财富管理行业的从业者们继续探索。

而如果互联网财富管理机构所掌握数据的数量不够，或者数据分析的技术不成熟，同时又不具备大范围开展人工服务的条件，那么这样的机构就不能通过个性化的分析、交流满足客户的个性化需求，而只能对一些人类共有的需求进行直接刺激，如固定收益类产品的收益率。这样的营销服务不精准、收效差，而且我们在第二节已经得到结论，客户对收益的要求是无止境的，一家机构是不可能永远满足客户这样的需求的，因此仅凭借对人类共有需求进行刺激营销的方法是很难持续的，基于这样的营销平台，也构建不起稳定的盈利模式。

综上所述，互联网财富管理的客户关系管理体系可以针对不同的客群采取不同的方法，而对于资产量较高的主力客群和核心客群来说，最好在营销服务中能有面对面的人工服务。而电子化平台的搭建可以利用大数据技术，建立需求管理的循环，通过不断进行需求分析和动态调整满足客户的财富管理需求。

第五章
财富管理与资产配置

目前，互联网金融下的产品配置更多的是确定性产品①的销售，从投资心理学的角度看，这种产品最容易被客户所认同和接受，不仅是在互联网体系，在传统金融体系下亦是如此，银行理财产品比基金等波动性产品的销售难度小得多，但是依靠银行理财又无法有效绑定客户，确定性产品的销售也无法体现金融机构的专业性和价值所在，一味销售确定性产品将导致价格战，客户比较的仅是产品收益，最终牺牲的一定是金融机构的利益。对于互联网金融市场，更是如此，客户的渠道成本是非常低廉的，忠诚度不高，如果依靠确定性产品绑定客户，最终将难以支持互联网金融机构的长远发展。

本章将对传统财富管理的介绍引入到确定性和非确定性产品的分析，进而探讨为何在互联网金融模式下要进行财富管理产品的资产配置，并最终解决互联网金融下的不确定性产品销售及资产配置问题，一旦解决了这一核心问题，就可以长期维护住互联网金融机构的客户，实现互联网金融机构的长远发展。

---

① 确定性产品，即指收益相对确定的产品，并非确保本金安全，但收益是相对确定的；与之相对的是不确定性产品，即收益会出现波动的产品。

第一节　财富管理的风险体系

一、财富管理的内涵

本书第二章第二节从资产方和资金方对财富管理这一概念进行了论述，尽管学术界并没有对"财富管理"给出一个普遍性的定义，但笔者曾经通过财富管理参与主体不同的角度寻找其共性，进而挖掘财富管理的内涵。

财富管理的本质就是风险管理。风险管理水平的高低体现了财富管理能力的高低，决定着财富管理结果的差异。对于产品供给方，依然如此，这一类参与主体包括商业银行、券商、基金公司、保险公司等产品设计发行机构以及商业银行、第三方理财之类的产品销售机构。对于财富管理的产品供给方来说，财富管理都是一项"中间业务"，即不纳入企业资产负债的业务，以收取管理费作为盈利手段，因此，财富管理产品供给方的盈利来源，就是对客户的财富进行管理所收取的管理费。既然收取了管理费，产品供给方就要对客户的财富进行管理。产品供给方提供的管理包含两个层面：一是直接投资，即将客户的资金直接投资于可以产生收益的基础资产及其衍生品上；二是间接管理，即作为代理方，帮助客户将财富投资于不同的金融产品上，如基金、信托、保险等，这项工作可以称为资产配置。资产配置工作，是将客户的资金投资在既有的金融产品上，并利用这些产品完成客户的财富管理目标。然而，通过历史经验总结，资产配置工作共有三个难点：第一，来源于金融产品本身的风险，即随着产品对基础资产期限和流动性的整合与优化，基础资产的风险也会被整合甚至再创造风险。第二，来源于金融产品投资结构的剖析。并非每一款金融产品背后的基础资产都那么清晰且容易判定，这就会增加资产配置的难度。第三，来源于产品设计滞后性的风险。即客户面临的问题是在不确定的未来出现的，而金融产品是过去设计的，产品对于基础资产的整合也是过去进行的，用过去设计的产品配置未来面对的风险，难免就会随着市场环境的变化出现错位。由此可以看出，对于产品供给方，财富管理就是根据客户实际情况和自身需求，运用各类金融产品，通过不同方法的搭配，管理好客户风险的过程。

由此可以得出结论：财富管理的过程是一个风险管理的过程，是通过金融产品解决财富面临风险的过程。对于客户，财富管理就是"防风险、斗风险、赢风险"这三件事情；对于银行，财富管理是对于风险的识别、认知和组合搭配。对于市场中的所有参与者来说，从风险的角度切入财富管理的问题，才容易看到财富管理整个体系的主干。从风险管理的角度认识财富管理，也可以对财富管理的范围和边界有更加清晰的认识。对于客户来说，无论处于生命的何种阶段，都有其面临的风险；对于商业银行来说，只要客户的财富有风险，就可以创造出适当的金融产品去管理客户的风险。因此，可以说，财富管理的范围是无穷无尽的，只要有风险存在，就会有相应的产品。

二、财富管理的风险类别

从财富管理的内涵看，是风险管理的过程，那么在财富管理的过程中，会面临哪些具体的风险，本节将进行简要介绍。

（一）基础风险

所谓基础风险，是指源于宏观经济变化或产品设计本身的风险，类似于经济学中的系统性风险，即由于基础资产受到系统性因素变化而产生的风险。这种风险多产生于资金层面，也即在基础资产层面出现的风险，这里所说的基础风险大体可包括以下几类：

1. 通货膨胀风险

所谓通货膨胀风险是指由于货币持续贬值而造成的购买力下降的风险，是典型的基础风险，这在当今的全球各经济体中都是不得不面对的风险。按照经典经济学理论，政府为了刺激经济增长，可调节的政策包括货币政策和财政政策，而目前被各国经济体普遍使用的都是货币政策，通过货币供应量的调整对经济进行宏观调控。一旦经济低迷，政府就通过增加货币供给——"印钞票"的方式对经济刺激，这种方式是外生性的经济刺激手段，短期内可以起到拉动经济增长的作用，但从长期看，货币供给量的持续增长会造成物价上涨，最终导致通货膨胀、货币贬值，因而通货膨胀实质上是财富的潜在"杀手"，如果不能对手中的财富进行有效管理，就会面临长期通货膨胀、购买力降低的风险。在财富管理的四个步骤中，通货膨胀风险更多地体现在第二阶段——财富保护阶段，在这一阶段完成财富积累后，人们拥有了一定的财富，但这些财富时刻暴露于风险之中。以现金形式存在的财富，就会面临通货膨胀风险，如果不能有效进行财富管理，就会出现购买力下降的风险。

2. 现金流风险

现金流风险也被称为流动性风险。流动性、安全性、收益性被称为金融产品的三个最基本特性，其中流动性应该说是最重要的。大到企业、小到个人，一旦出现流动性问题，也就是现金流风险都将是致命的，企业出现流动性风险很可能就会面临破产压力，个人出现流动性风险同样也会出现生存压力，因此，如何对财富进行流动性管理就成为了非常重要的内容。在财富管理的四个步骤中，现金流风险更多地体现在第一阶段——财富积累阶段，在追求第一桶金的过程中，人们辛苦拼搏，目标就是财富的不断增加。此时，人们财富管理的目标是要保证现金流的稳定，防止资产锐减和现金流断裂。而在这个阶段，财富管理目标的最大敌人，就是一些突发因素导致的大额支出和现金流断裂，如突发重疾、意外伤害等。通常在产品设计中，都会对产品的期限进行约定，如投资者没有提前终止权，在本产品存续期间内，投资者不得提前赎回等，这都可能导致投资者在需要资金时无法随时变现。因此，人们应该通过财富管理产品的配置，保证在这些突发因素出现的情况下，仍然能够达到财富积累的目标。

3. 信用风险

信用风险也被称为违约风险，是交易对方未能履行约定契约中的义务而造成经济损失的风险，在基础风险中，信用风险造成的损失仅次于现金流风险，即一旦出现信用风险，对于授信人，就只能通过变卖抵押物而获得一定补偿，但这种补偿往往对于损失的金额是微不足道的。在财富管理的各个阶段，信用风险更多地体现在财富增值和财富保护阶段，这两个环节中，多数资金供给方都会投资于一些债权类项目，如信托产品、企业债券等，对于债权人，这时就面临着信用风险，一旦债务人违约，那么债权人就可能出现本金损失，虽然在这个过程中有抵押物，但变现过程非常复杂且最终的可变现价格又非常不确定。

在金融产品中通常都会对信用风险进行描述：如果投资资产中的投资工具发生违约事件，使得产品到期时所投资工具的出售收入或投资收入等可能不足以支付投资者收益，投资者本金与收益将可能受到损失；在此情况下，投资者收益将根据基于其偿还比率测算出的投资资产价格予以确定，同时，产品将保留向发生违约事件的发行主体或借款主体的追索权利，若这些权利在未来得以实现，在扣除相关费用后，将继续向投资者进行清偿。

4. 市场风险

市场风险指因基础资产价格、利率、汇率等的变动而导致金融产品价值未预期到潜在损失的风险。按照基础资产几大类看，股票类资产（包括股票基金、股票等）面临资本市场价格波动带来的风险、债券类资产（包括债券基金等）面临利率价格波动带来的风险、现金类资产（包括银行理财、货币基金等）同样面临利率价格波动带来的风险、大宗商品类资产（包括实物金等）面临由于通货膨胀导致的利率价格波动带来的风险。这些风险都会不同程度地影响金融产品的价值，进而对投资者的财富进行影响。市场风险在财富管理的各个环节中都有所体现，但在财富保护和财富增值阶段尤其明显，在这两个环节中，需要投资者进行多层次的金融产品投资，那么必然就要面临各类金融市场波动的风险，因此，如何利用产品组合进行有效财富管理，降低市场风险，避免市场的大幅波动就是财富管理工作的重要内容。

同样的，在金融产品设计中，一般也会对市场风险进行描述，如由于金融市场存在波动性，投资者投资本产品将承担一定投资资产市值下跌的市场风险。如果人民币市场利率上升，该产品的收益率不随市场利率上升而提高，投资者将承担该产品资产配置的机会成本。

（二）财富管理的伴生风险

伴生风险是指产品层面出现的风险，是伴随产品销售和配置时出现的，这类风险的产生并不是由基础资产决定的，与基础资产无关，而是在产品设计和包装时造成的，此类风险类似于经济学中的非系统性风险，通常是由主观的管理不当造成的，因此，通过专业的财富管理机构给予专业的产品服务指导，是可以规避这种风险的。对于伴生风险，可以大致分为以下几类：

1. 财务风险

这类风险与基础风险中的现金流风险比较类似，是指由于财富管理不当出现了财务问题，进而影响财富管理配置效果的风险。在财富管理产品的配置过程中，财务风险是贯穿始终的，如果要达到财富管理配置的目标效果，就要进行合理的资产配置，对于资产配置的过程，往往不是一蹴而就的，需要足够的、持续的资金投入，因此财务支持就显得尤为重要，一旦财务支持不能到位，出现财务风险，那么就无法进行有效的财富管理产品配置，也就无法实现最终的目标。对于这种财务风险，我们认为，并不是不可以避免的，是可以通过有效的管理进行防范的，这就需要专业的财富管理机构给予专业的指导。

2. 道德风险

道德风险体现在两个方面：其一体现在产品设计过程。产品架构设计、产品包装的相关工作都是由产品供给方提供的，对于多数资金供给方无法了解产品设计的全过程，也就无法真正认知到产品设计架构中存在的问题，这就为道德风险的产生提供了可能，一旦资金供给方没有意识到产品设计中存在的问题，就可能导致最终财富管理的效果不理想。其二体现在销售过程。对于不规范的财富管理产品销售机构，在产品销售时，很容易出现理财经理为了完成销售任务而误导销售，这会直接影响客户对财富管理产品收益的预期，进而也会影响最终的财富管理效果。这两类风险都属于伴生风险中的道德风险，产生这种风险的根源在于专业化的资产管理机构，因而如何有效防范这种风险就需要专业的财富管理机构对产品进行专业分析和研究，而这种风险也是可以通过财富管理产品设计规避的。

3. 投资风险

投资风险是伴生风险中最大的风险，也是财富管理者面对的最常出现的风险。此处的投资风险并不包括基础风险中的市场风险，因为市场风险是客观的、系统性的，而投资风险是投资经理在管理金融产品时的主观风险，由于投资能力的欠缺或投资的失误导致的风险。这类风险普遍存在于以股票、债券为基础资产的金融产品中，由于市场的波动，在投资过程中投资经理难以长期战胜市场，对于绝大多数单类财富管理产品或多或少都会给投资者带来投资风险，但是经过研究，以产品组合的形式进行配置，是可以有效规避和防范投资风险的。

4. 法律风险

法律风险是指在产品设计和运作过程中，可能会遇到的法律法规变化而出现的风险，这种风险是伴生性的，但对资金供给者可能造成的影响是巨大的，一旦出现法律法规的变化，就会直接影响金融产品的价格，最明显的是银行理财产品，这类产品最容易受到监管政策影响，从过去几年的银行理财产品发展历程看，也是与监管政策不断博弈的过程。通常在理财产品中也会对法律风险进行描述，如本理财产品是根据当前的相关法律法规和政策设计的，如国家政策以及相关法律法规等发生变化，可能影响本理财产品的投资、偿还等环节的正常进行，从而可能对本理财产品造成重大影响，可能导致理财产品收益降低或全部损失，甚至导致本金部分或全部损失等。

对于伴生风险，通常是在金融产品销售和配置过程中出现的，不依赖基础资产的风险而存在，因此，总体上是可以通过产品的有效搭配和组合配置规避的，由此就进入下一个话题：财富管理产品。

三、确定性与不确定性产品

(一) 基础资产和对应产品类型

财富管理产品都是依据基础资产的形态而构成的，基础资产是金融产品背后的实际投资标的和方向，那么基础资产都包括哪些呢？我们认为，目前被大家普遍认知的基础资产包括股票、债券、货币和大宗商品，这四类基础资产占据了金融产品投资的绝大多数标的，在现有经济运行机制下，通过对宏观经济的研究发现，在这四类基础资产间进行轮换配置，是可以实现在全宏观经济周期中获得超额收益的，这也就说明，只要客户能够找到以基础资产为投资标的的产品，在不同产品中进行组合搭配和动态调整，就可以实现在任何经济环境中获得良好收益。这一论证过程较典型的就是美林投资时钟分析。

对应基础资产，目前存在着多样化的金融产品，我们一一进行匹配：

1. 股票资产

股票资产可对应的金融产品或金融交易方式很多，最直接的就是股票买卖，可以直接投资股票标的，除此之外，较普遍的金融产品是股票类基金产品，包括公募基金中的股票型、混合型品种以及很多阳光私募类产品。

2. 债券资产

债券资产对于一般个人投资者是很难参与的，除国债外，企业债等品种个人投资者无法买卖，因此，对于多数投资者，只能通过金融产品间接投资于债券资产，最典型的产品就是债券类基金，近几年随着债券基金投资方向的细化，投资者可以准确地找到企业债、可转债或者其他类型的产品，更好地满足客户的投资需求。

3. 现金资产

现金资产是资产配置中非常重要的一部分，既可以满足客户的流动性需求，也可以对闲置资金提供低风险下的稳健回报，特别是在资金面趋紧的时候，利率往往较高，这时选择收益率较高的现金管理产品进行配置，可以获取较高收益，同时规避其他类型资产下跌带来的风险。这类产品更多地体现为银行理财产品和货币基金，他们的客户报价会随资金价格的波动而波动。

4. 大宗商品类资产

大宗商品类对一般客户的投资渠道更少，多数资产仅能通过期货市场投资，而期货市场的风险是非常大的，有较高的参与门槛。但是，公募基金中已经出现了越来越多的投资于大宗商品的产品，如黄金基金、大宗商品指数基金等，作为投资者，可以从中选择适当的品种进行配置。

从上述基础资产与对应产品的关系看，如果要实现基本的资产配置，通过现有的很多大众化金融产品已可以实现，但是，对于这些产品的风险收益特征是有明显区别的。如股票资产、债券资产、大宗商品类资产所对应的金融产品往往都具有较大波动性，其收益也呈现出不确定性的特点，对于现金类资产，其收益性往往是确定的，但这种确定性收益在不同的宏观经济环境下也会有所不同。

（二）确定性与不确定性

在传统金融市场中，确定性的产品营销难度要明显小于不确定性产品，这是由人性决定的，也就是投资心理学所研究的内容，那么回到本书的核心，如何在互联网金融下进行财富管理，更需要面对的是确定性产品和不确定性产品的销售问题。接下来，我们首先对确定性和不确定性进行定义。

所谓确定性，就是指产品的预期收益是确定的，或者说大概率条件下客户可以获得的收益是确定的，对应的，其风险性是可控的。这种产品典型的就是银行理财产品，按照过往的理财产品架构设计，其预期收益率都是确定的，客户在购买产品之前就已经知道最终的回报是多少，虽然在监管层面要求不能对收益率进行保证，但是这种产品是由商业银行发行的，无形当中商业银行对其收益的实现进行了背书，客户也相信购买的商业银行的产品是较低风险的。从广义看，货币基金也属于确定性收益产品，虽然这种产品在购买时没有明确一个预期收益率，但这类产品的风险级别与银行理财类似，且在绝大多数条件下都可以获得稳健收益，客户也不会认为这类产品有太多的风险，除此之外，多数分红保险产品也都属于确定性产品，这类产品的风险性是可控的，而收益性也相对固定。从目前情况看，这种确定性收益产品销售的难度是较小的，因为其风险性可控，预期收益是相对确定的。

所谓不确定性，就是由于产品的风险性是不可控的，因此预期收益是波动的、不确定的。这种产品，典型的就是公募基金中的股票型基金、债券基金等，由于这些产品既面临着基础风险，又承担着伴生风险，因此其收益是不确定的。在市场环境好的时候，客户对这些产品的风险认知不强，就会低估这些产品的风险，因此会在资产中进行超配，然而一旦市场走弱，风险逐渐暴露，这些产品的收益就会出现大幅波动，就好像 2007 年至今，股票市场持续低迷，多数客户对这类产品均有所回避，这些不确定性产品销售起来难度就会非常大。

综上，确定性与不确定性产品的区分标准就是产品的收益性，对应的是产品背后的风险，也就是产品的风险收益特征，只要产品的收益是相对确定的、风险是可控的就可以纳入确定性产品中；产品的收益是波动的、风险是不可控的，或者说风险是较难控制的就应纳入不确定性产品中。

第二节　资产配置对互联网财富管理的意义

第一节中，我们区分了确定性和不确定性产品，那么这种划分在现实中有怎样的实践意义呢？

这直接关系到互联网金融体系下如何区分产品销售策略，细心的读者可能已经发现，在传统金融机构中，能够持续销售不确定性产品的数量也非常有限，多数机构，无论是商业银行、证券公司、第三方财富管理公司善于销售或者说容易被客户接受的产品都是确定性产品。目前互联网金融机构所销售的产品中，余额宝、百度百发甚至淘宝店中的货币基金、寿险产品，绝大多数都是确定性产品，不确定性产品的销售占比很低，那么，互联网金融机构如何才能战胜传统金融机构，或者说如何才能在现有模式下分得一杯羹，需要的就是互联网金融体系下的资产配置，也就引入到互联网财富管理中的资产配置问题。

一、传统金融体系下的资产配置

互联网财富管理体系下为何要进行资产配置，在这之前，先来回顾一下传统金融体系下的资产配置。

所谓资产配置理论，是在 20 世纪 50 年代首先由马柯维茨提出的，他最早采用风险资产的期望收益率（均值）和方差（标准差）对风险和收益给出了精确定义，将数理统计方法引入到资产组合选择的研究，具体理论内容本书将不再详细介绍，仅从"资产配置"式营销的角度进行回顾。

"资产配置"式营销是目前部分商业银行采取的营销模式，这种模式就是典型地沿着客户拓展→关系建立→需求分析→产品绑定的客户管理链条开展财富管理业务，只不过客户拓展这一个项目没有独立，与其他三项同步开展。最终产品的销售，则要建立在对客户全面的需求分析上。这种营销模式下销售的产品，最符合财富管理业务的本质要求，也最符合客户的实际需求。在这样的营销模式下，"客户拓展→关系建立→需求分析→产品绑定"这个客户管理链条又可以被分为两大部分——"客户拓展+关系建立"为第一部分，其目的是寻找和绑定客户，这部分工作需要较强的客群经营技术；"需求分析+产品绑定"是第二部分，其目的是用金融产品完成客户的资产配置，这部分工作需要较强的资产配置技术，也是"资产配置"式营销的核心。针对这两个环节的执行，在笔者的《财富管理与资产配置》一书中介绍了一个销售模型——"资产配置全景图"。该模型是基于现代资产配置理论形成的一套销售实务上的应用方法，为客户的资产配置提供了理论基础。"资产配置全景图"模型的整体思路是——首先确定客户的"风险—收益"特征，明确了这一点，才能明白客户资金的"风险—收益"特征。之后，根据资金的"风险—收益"特征，找到其匹配的基础资产需求，并根据当时宏观形势带来的外部风险对基础资产比例进行一定的调整。确定基础资产的配置比例后，用财富管理的产品匹配客户的基础资产需求，从而完成财富管理产品的销售，这一过程分为 4 个阶段、11 个步骤。在此不对具体步骤和内容进行介绍，我们只想说明的是在传统金融体系下，资产配置这一理念是非常重要的，而且是在实践过程中有方法可以操作和执行的。

二、互联网金融的两个阶段

那么在互联网金融环境下，资产配置对互联网财富管理的意义又有哪些呢？我们顺着前一节"确定性和不确定性产品"的话题继续延展。

目前，互联网金融机构普遍较容易销售的产品或者说较快得到客户认同的产品是确定性产品，这类产品原本已在传统金融体系下进行了推广和销售，为何在互联网金融模式下能得到更广泛的客户认知呢？我们总结其核心为：确定性产品的价值发现过程。我们认为这是互联网金融的第一个阶段。这一价值发现过程的途径是依靠互联网，众所周知，互联网传播的速度是裂变的，一旦在这一渠道得到宣传，那就会迅速成为大众的话题，而且对于新兴的互联网金融机构，本身就得到了社会的普遍关注，一旦有所创新而且是有益于大众客户的创新，那就会在一夜间被人们所知晓。这次价值发现的表现形态或者说产品形态是什么呢？很明显，就是确定性收益产品中的货币基金，由于其风险可控、预期收益相对稳定，那么互联网金融机构就选择了这种非常适合创新的产品进行推广，迅速在广大客户中得到认同。当然这种所谓的风险可控包括两方面含义：其一为产品本身的风险可控，这是由产品背后的投资标的所决定的；其二为互联网金融的交易模式风险可控，这实质上是由社会舆论形成的背书。对于阿里巴巴、百度等这类互联网公司，它们推出的产品如果在交易系统上出现了风险，那么其声誉损失将是巨大的，因此，正是这种所谓的舆论压力，实质上为产品背后的运作提供了背书，降低了出现风险的概率。这一价值发现阶段目前看，正在迅速发展，就好像天弘基金借助余额宝这一产品，直接将自己的产品规模提升至 2000 亿元之上，不仅让

"天弘"这一原本无人问津的基金公司排名直接进入前3名，天弘基金旗下的货币基金规模更是直接成为国内最大、全球排名前50的产品，而这一切变化都是在不到半年时间完成的。相信这种"颠覆"，不仅是对互联网金融企业，而且对传统金融行业都有深远影响，华夏基金，连续多年在基金公司中规模最大，转眼间就面临着像天弘基金这样创新公司的挑战。除此之外，这一价值发现阶段带来的后果也是非常明显的，那就是线下渠道的收益迅速回归，市场化程度急剧提高。这种确定性产品价值发现的过程是迅速的，客户覆盖率和认知度会快速加强，而且这些产品都属于同质化产品，客户的认知度较清晰，因此客户忠诚度就低，在阿里巴巴联合天弘基金推出余额宝之后，百度很快时间就与华夏基金共同发行"百发"产品，其他知名互联网机构也在联合多家基金公司推出类似产品，一旦各家机构都推出此类产品，最终就将变成价格战，各家机构为了争夺客户而提升客户收益，到最后直接影响到渠道的利益，最终损害的将是销售机构的利益。这个过程就类似于国内的家电市场，苏宁、大中、国美都在销售同质化的产品，比拼的就是价格，最终导致的就是利润不断摊薄。

互联网金融在完成确定性产品价值发现过程后，就将进入第二个阶段，即不确定性产品的市场争夺。其实在传统金融机构中，领先的金融机构已经进入这一阶段，它们不再依靠银行理财等确定性产品盈利，转而通过确定性产品吸引客户至网点，进而通过不确定性产品的配置绑定客户，而且随着时间的推移，不确定性产品的收入占比已在这些金融机构中越来越高，而这种不确定性产品配置的能力就是专业化的资产配置能力，掌握了这种技能，也就可以真正的占领市场。举例来说，如果一味依靠银行理财产品销售，就像前文中所分析的，最终这种确定性产品将走向比拼收益率的阶段，那么牺牲的一定是银行利益，不可能持续发展，但是如果尽早将销售主体转向基金等专业化品种和不确定性产品，那就可以通过这种收益波动的产品持续保持与客户的沟通和交流，只要理财经理具备较强的专业性，能够持续与客户进行交流，赢得客户的信任，最终客户将被绑定在这一销售机构。对于互联网金融机构，依然如此，目前处于第一阶段的快速发展，各家机构都想进入且抢占一定的市场份额，但是谁在这个时刻敢于转向不确定性产品的销售，掌握资产配置的销售技巧，谁就有可能在互联网金融市场中占据一席之地，而且也很可能真正取代线下渠道。其实，线上交易中目前最成熟，也是被客户接受最多的就是股票交易，这项金融服务虽然没有产品收益，但是可以理解为确定性产品，因为它的服务是标准化的，这就使得服务的费率一降再降，目前多数证券公司的经纪业务费率都已接近成本线，并无超额收益，尽管如此，我们并没有看到客户蜂拥而至，正是因为这种确定性产品并不具有专业化的技能，没有一家券商能够通过专业化的服务吸引客户，这也正体现出资产配置这一专业化服务的重要性。

三、资产配置的意义

综上，在确定性产品的市场环境中，如果销售机构不掌握资产生产能力或者能力不够出众，那就无法持续地在这一市场中占据主动，最终会被市场参与者抢夺市场份额，导致全行业的成本降低、收入减少，那么唯一的办法就是实施资产配置，通过引入风险资产和不确定性产品、构造风险收益匹配的投资组合、取得更高的组合收益，以此来战胜确定收益产品。

同时需要注意的是，对于绝大多数确定性产品背后的资产，都是基于信用风险的无风险或低风险资产，理论上讲整个社会的信用额度是可以确定和度量的，因此其规模是有限的，一旦参与主体过多，势必造成对这一有限资源的争抢，会进一步增加成本，导致收益下降。对于不确定性产品背后的风险资产则不同，这类资产更多的基于市场风险，理论上是可以无限量供应的，这就给参与机构提供了充分的经营空间，无论客户群体有多大，都是可以满足的。确定性产品和不确定性产品间的关系就好像金融产品中的银行理财与基金，对于银行理财，都是有背后资产支持的，而这些资产的规模不是无限量的，因此好的资产就会成为市场的稀缺资源，基金则不同，其规模理论上可以无限放大，销售机构就不必担心规模的限制造成无法满足客户需求。从这一角度看，有效资产配置对互联网金融机构的长远发展和专业化深度发展的意义都是重大的。接下来我们就从三个角度对资产配置的意义进行分析。

（一）资产配置是一种风险管理手段

在这里明确的是，对于单一的确定性收益产品是不需要资产配置的，因为它的风险收益特征很明晰。因此资产配置解决的就是不确定性产品下如何配置的问题。当单一产品是不确定性产品时，资产配置就是要构造出一个"确定区间风险收益"的投资组合，这一过程就是将"不确定性"改造为"确定性"的过程，就是资产配置的功能之一。

在这一过程中，首先要对风险收益特征进行确定，根据客户的风险偏好确定不同等级的风险度，对应于每一等级的风险度给出一定的客户可接受的收益和风险区间。其次，就要通过对不同大类基础资产过往的风险收益特征进行回溯并测算，在每一种风险程度下，各大类基础资产应该如何配置，才能达到客户可接受的风险收益区间。最后，确定出基础资产对应的金融产品，即各类金融产品采取何种配置比例，可以取得何种风险收益效果。通过这一过程，最终资产配置呈现出来的就是不同产品间的配置比例，展现给客户的就是每一种配置比例下客户收益区间和风险程度。在这个过程中，资产配置展现的是风险管理能力，通过产品间比例的设置最终进行客户的风险管理，将单一的不确定性产品转化为确定收益区间的产品组合。这种风险管理手段无论是对于线下机构还是线上机构都是有效的、可以应用的，从本质上说，这就是一种技术手段和工具。

（二）资产配置是一种产品销售方法

在本节中已经说明，"资产配置"式营销是目前部分线下商业银行采取的营销模式，我们曾经对这一模式构建出"资产配置全景图"的销售模式，共分4个阶段、11个步骤。这一销售方法实际上是和风险管理手段相结合的，风险管理手段所体现的产品风险收益特征也会展现在销售方法中。

第一阶段，确定客户亦即资金的"风险—收益"特征。

在这一阶段，可以从很多角度来评估客户的风险属性，并采取很多分析客户风险属性的技术，明确客户的"风险—收益"特征之后，客户资金的"风险—收益"特征才能明确。特别地，通过这一阶段，我们要明确客户资金的四个属性，也即确定四个核心步骤：

第一步，资金的下行风险和波动性要求。

第二步，资金的收益要求。

第三步，资金的时间要求。

第四步，客户的亏损容忍度。

明确了这四个步骤，才能真正确定客户的风险收益特征，也才能进入资产配置的操作阶段。

第二阶段，界定大类资产的分布比例。

在这一阶段，根据客户即资金的"风险—收益"特征，结合大类资产过往投资风险收益，通过模型测算，界定基础的大类资产的分布比例。

这一阶段工作的关键点：了解四大类基础资产（股票、债券、商品、现金）本身的预期收益、波动性及其相关性。准确来说可以分为三个步骤：

第一步，基础资产风险与收益之间的相关性。

第二步，基础资产的预期收益率。

第三步，基础资产的搭配比例。

刻画上述要素，需要资产配置理论提供给我们计算原理和方法。即运用马柯维茨的均值—方差理论，结合全球多种基础资产的历史数据计算得出。

如某一位客户，经过第一阶段的"风险—收益"特征，确定其在某银行管理的资金在未来一年内可接受的收益区间为 $[a\%，b\%]$。在这个范围内，运用"风险—收益"理论（等风险，高收益/等收益，低风险）测算出大类资产占比。

需要注意的是，在这个阶段，仅仅是给出了基础资产的搭配比例，而并非金融产品的搭配比例。具体金融产品的搭配方法，将在后面的步骤中完成。

第三阶段，客观评估大类资产的配置趋势。

在这一阶段，要运用经济分析方法，根据当时的经济形势，评估大类资产的配置趋势，给出客观的超配、低配方向。这一阶段要考验的是银行的宏观经济分析能力，包括以下两个核心步骤：

第一步，找到经济周期的拐点。

第二步，根据宏观经济分析给出超配、低配建议。

一个简单且经过时间考验、可以用来借鉴的宏观经济分析方法，就是美林投资时钟。根据美林投资时钟理论，我们可以对应经济所处的周期进行判断，并根据这样的判断对客户提出资产配置上的建议。其原则是：

宏观经济衰退期：可超配债券类资产。

宏观经济复苏期：可超配股票类资产。

宏观经济过热期：可超配大宗商品类资产。

宏观经济滞胀期：可超配现金类资产。

需要注意的是，根据美林投资时钟理论给出的资产配置建议，是一种资产超配或低配的方向，而非具体的比例。具体的比例，还需理财经理根据客户资金的具体"风险—收益"属性得出。

第四阶段，将基础资产的配置比例与银行产品逐一匹配，实现销售。

在确定组合的"风险—收益"特征后，就可以将基础资产的配置比例与现有的银行产品匹配，实现销售。

这一阶段工作的关键点在于以下两个步骤：

第一步，将各类银行产品与基础资产的关系分析清楚。

第二步，在资产配置过程中，将各类财富管理产品背后资产类别的交叉部分和冲突部分分析清楚。

以上这个模型，就是"资产配置全景图"。这个模型解决了资产配置理论在实际营销中面临的问题。

这是典型的线下资产配置式销售流程，那么对于互联网金融机构，是不是也要如此呢？我们认为这一过程依然是不可少的，而且是销售流程中的核心。这四个步骤是将客户风险收益特征和产品风险收益特征相匹配的过程，对于线下机构，是通过客户面对面交流和资产配置系统向客户展示，对于线上机构，只是向客户展示的方式不同而已，后文中会将如何在互联网金融这一介质下展示进行介绍。

（三）资产配置是一种客户管理方式

前面两项资产配置的意义对于互联网金融机构都具有非常重大的意义，那么资产配置如何体现为客户管理方式呢？

传统金融机构的客户管理是根据客户资产规模进行分层管理，但这种方式是存在一定弊端的。所谓客户群经营，就是"不断拓展、不断绑定、不断销售"的过程，在这一过程中，最核心的是"群"的概念。那么如何理解"群"的含义呢？古人云："物以类聚，人以群分。"其含义正是：具有相同偏好、相同思想意识以及相同价值观的人，会自然而然走在一起，形成群体，而这才应该是客户群管理的核心。传统金融机构在客户管理中并没有根据客户共同的价值理念进行统一管理和经营，很多财富管理机构在划分客户群体时都采用了较简单的模式，或模仿现在已有的其他机构的体系，这种做法的弊端在于每一个财富管理机构背后所拥有的财务资源、人员素质都是千差万别的，因此其核心竞争力和企业的价值观是不同的，这就决定了不能一味地模仿其他机构进行客户体系划分。而以何种方式建立客户体系、进行客户经营需要相关机构首先确定自己的业务目标，也就是在确定客户经营原则之前，需要明确自己的业务主攻方向，即核心竞争力。而核心竞争力的确定不仅取决于产品构建、人员素质，更重要的是依靠企业背后财务资源的投入、物理网点建设等硬性条件。可以这样说，构建什么样的客户管理体系应取决于金融机构在成立初期的定位和可利用的资源投入及财务约束。

对于资产配置式的客户管理方式，则完全不同，这是依据客户持有的资产类型进行管理的方式，对客户进行按资产类型的管理。简单地说，对于持有同一类资产的客户，应该采取类似的经营模式，对这些客户的投资行为进行深度剖析，以此推广到潜在客户的经营中去。这种客户管理方式的好处在于无须过多的资源投入，而是从客户已经发生的行为入手，而这种方式最大的问题在于需要足够多的客户群。

从线上与线下的经营模式看，线上经营，也就是互联网金融机构更加适合运用资产配置式客户管理方式，因为这是一个大数据时代，互联网可以捕捉到客户一切的操作流程，甚至客户点击了哪些链接、哪些网站和功能对客户的吸引力足够大等这些信息都是可以利用和分析的，只要这些机构拥有专业的数据分析团队，就可以通过客户的操作流程寻找到突破点。通过对客户进行资产配置的逻辑和思考过程进行分析和研究，就可以找到共同的特征，进而在客户群中有针对性的布局营销。

无论是风险管理手段、产品销售方式还是客户管理方式，都是资产配置的意义所在，比较而言，互联网金融机构采用资产配置式的营销模式更有利于其财富管理业务的发展，这种方式更有利于不确定性产品的营销，只有不断向专业化的深度进行探索，也才能真正找到客户的需求点，提升客户的忠诚度、绑定客户，实现互联网金融的可持续发展。

第三节　互联网财富管理的资产配置

在讨论完互联网财富管理模式下资产配置的意义后，就要进入到实际操作阶段，即如何在互联网金融体系下进行有效的资产配置，这种资产配置是否真的能为互联网财富管理带来好的效果，在互联网财富管理体系下的资产配置方式又会面临哪些风险，这些风险应该如何一一化解，这些内容都是本节将要研究的内容。

一、传统金融与互联网金融资产配置的差异

互联网财富管理的资产配置与传统金融下的资产配置本质是相通的，两者都

要根据客户的风险收益特征为其量身配置合适的产品组合,这是两种不同模式下的相同之处,也是资产配置的核心。

两种方式的不同点则在于客户沟通方式的差异。从客户的角度看,传统金融机构是通过线下的面对面与客户交互的沟通而建立的信任关系,最终促成产品的配置与成交。这种信任关系一方面建立在客户对传统金融机构的信任,因为通常最终的沟通场所都是在金融机构的网点进行,这些金融机构无形当中对这一行为进行了背书;另一方面,这种信任关系来源于理财经理个人的专业水平和沟通技巧。在面对面的交流中,理财经理运用专业化的知识和肢体语言向客户展现其专业水平,只有这些专业能力让客户折服,才能真正赢得客户信任,进行产品配置。除此之外,从理财经理的角度看,传统财富管理中的资产配置通过面对面的交流,可以让理财经理充分挖掘客户的风险收益特征,也避免了仅通过填写风险评估问卷而无法真正体现客户风险承受能力的问题。应该说,传统金融模式下的资产配置方式为理财经理提供了非常好的平台和沟通机会,这些是传统财富管理进行资产配置工作的优势所在。

在互联网财富管理下的资产配置与传统财富管理下的资产配置最大区别则在于交流方式,互联网金融中没有面对面的交流机会,或者说这种交流是非常有限的,某种程度上说,这是互联网金融的劣势。从客户的角度看,金融产品的配置,绝大多数客户还停留在对金融机构的信任上,真正走进金融机构的网点无形当中心里就多了一层安全感,而互联网这一媒介,虽然现在已经成为越来越多客户购买商品的平台,但多数客户仍然会有所顾虑,特别是对金融产品,通过互联网进行财富管理会让客户感受到缺少面对面的信誉,无形当中会加大产品的风险,或者说从客户的感知上会加大产品的风险,这是与传统财富管理中差异最大的一点。而从互联网金融机构的角度(注意,此处我们并没有再说理财经理,因为互联网金融机构中是否还存在这一岗位,目前还是个未知数),互联网财富管理对于判断客户的风险收益特征,通常只能以客户的行为来判断,这种行为既包括客户填写的风险评估问卷,也包括客户通过互联网进行的一切行为。

以上就是传统财富管理下与互联网财富管理下资产配置的差异，这种差异形成的问题如何在互联网金融下进行解决就成了互联网财富管理中资产配置的核心。

二、最优资产组合

从上述资产配置理论的介绍中可以看出，要解决资产配置这一问题，需要解决的两个核心问题就是客户风险收益特征的描述和与之匹配的产品组合配置。对于这两个核心问题，通过三个层面进行解决。

（一）原理应用

本书第三章第一节曾对资产配置理论进行了详细介绍。在此不做具体论述，仅就其如何构建资产配置的核心要点进行简要回顾。马柯维茨对风险资产的风险和收益进行了定义，这是和资产配置理论密切结合的，因为资产配置就是要解决将客户的风险收益特征与金融产品的风险收益特征相匹配的问题。以下两个参数是解决资产配置中最优资产组合问题的核心：

1. 标准差（方差）

所谓方差，即各个数据与均值之差的平方的平均数。在概率论和数理统计中，方差用来度量随机变量和其数学期望（即均值）之间的偏离程度，对研究随机变量和均值之间的偏离程度有着很重要的意义。马柯维茨提出用方差来衡量资产组合的风险，但资产组合收益率的方差不再是证券收益率方差的简单加权平均，正是由于资产组合方差形式的巨大变化，使他发现了投资组合可以减小方差、分散风险的奥秘。而带来这一变化的核心原因就在于方差的计算中引入了相关系数这一概念。

2. 相关系数

相关系数是现代组合投资理论中非常重要的指标之一，也对资产配置结果产生巨大影响，在投资组合理论中相关系数起着举足轻重的作用，不仅如此，在财富管理产品的构建和资产配置中，相关系数也是非常重要的。我们曾经在公募基金产品和理财产品中均运用相关系数的特性成功构建出满足客户需求的资产组合，这种应用不仅从数理量化的角度考察相关性，而且利用金融工具负相关的金融属性进行产品构建，取得了很好的实践效果。

上述两个参数在资产配置中的应用是非常广泛的，而且在产品间的配置中起着决定性作用，这也是资产配置理论在实践中运用时的理论基础。运用这两个参数可以解决资产配置过程中的任何产品的组合配置测算。

（二）数据应用

所谓数据应用是指利用大数据时代的系统化数据支持，有效挖掘客户风险收益特征，进而实现资产配置。这里所说的大数据是指对客户交易行为的分析和研究，这种研究的目标是找到客户真正的风险收益特征，进而解决资产配置的问题。这里所说的数据包括两个方面：

1. 硬数据

所谓硬数据是指标准化的、直观的数据，包括传统财富管理下的客户风险评估问卷、金融产品的相关数据等。这些数据来源于客户进行资产配置时主动填写的调查问卷和产品的客观要素，利用这些数据进行分析的好处在于这些数据都是标准化的，可以有效进行比较分析，进而评估客户的风险偏好，也可利用标准化的金融产品数据进行回归测算，进而找到恰当的资产配置比例。但是这种数据的劣势也有两个方面：其一为真实性，客户填写的风险评估问卷到底是不是客户真实意愿的体现，这很难判断，而且这种主观问题的设计通常是比较简单的，对于多数客户，无法通过这种问题判断客户的真实风险承受能力。其二为非个性化，无论是风险评估问卷还是金融产品的相关数据，通常均为统一的和标准化的，这就无法体现出客户个性化的投资意愿和配置需求，这也会造成最终实施资产配置时有可能无法准确体现出客户的个性化需求。

2. 软数据

软数据是与硬数据相对应的，是指那些互联网金融中客户的非标准化数据，也就是客户在互联网中的各种行为。这些数据源于客户在互联网金融中的任意操作行为，包括点击了哪些网站、在哪些网站中浏览的时间较长、客户在互联网金融市场中的交易行为等。举例来说，对于淘宝旗下的店主，就可以对其软数据进行研究，通过分析其在整个商品销售过程的上下游交易过程进行信用的判定。也可以对买方过往的网站浏览情况进行判定，如果一些客户经常浏览财经类网站或点击个股分析，那就可以基本判定出这个客户属于高风险偏好者。这些只是互联网中最基本、最常见的交易行为，在这个大数据时代，只要有足够的专业化水平和足够多的数据源，就可以此判断出客户的风险属性。运用软数据进行客户分析的最大好处在于准确性，一个客户一次伪装其行为不难，难的是持续伪装其行为，因此通过软数据可以大概率地挖掘到客户的真实意思表示。当然，这种方式的难点在于对数据的筛选和分析，每个人每天在互联网的交易行为有很多，如何对这些数据进行区分，找到真正有价值的数据源，这就对互联网金融机构提出了较高要求，必须要有一个强大而专业的数据分析团队作为支持。

通过上述两方面的数据应用可以看出，对于互联网金融机构，有更多的便利和优势进行客户风险收益特征分析，在这个基础上就可以进行有效资产配置，而且这一资产配置过程是更贴近客户需求的、更加个性化的。

（三）工具应用

前面已经论述了，资产配置是一种营销方式，那么这种营销方式就可以按照流程的方式展现出来，从评估客户风险偏好到产品组合风险揭示进而到最终的资产配置，这一整套流程都可以在一个人性化、图形化的系统中体现。目前已有部分商业银行开发了类似的资产配置系统并逐步进行推广。在线下使用时，这种系统的优势在于更加直观地向客户展示出图标、数据和分析结果，引导客户一步一步地走向最终产品配置。对于理财经理，这是一种工具，一种帮助其完成资产配置最终结果的工具；对于客户，这是一种体验，是区别于产品销售式服务的体验，可以让客户从中找到自己的需求点，顺其自然地进入产品配置过程。当然，这种工具也有其存在的问题。目前普遍存在的问题是流程相对较长、操作起来相对烦琐，很多客户缺少足够的耐心去完成整个流程，因此在这一过程中就需要理财经理不断向客户介绍，有了人与人之间的沟通和交流，就可以帮助客户耐心地完成整个操作，除此之外，在线下的操作过程中，还存在着客户有所顾虑的问题，对于绝大多数高端客户，对其资产都有较强的私密性，不愿向别人透露自己的真实财富，因此，也就很可能在线下的系统使用时无法得到客户的真实意愿表示。

较线下金融机构而言，线上金融机构在使用这种工具时，应该具有先天优势，因为绝大多数客户都是主动来购买金融产品的，在这个购买过程中，以更加人性化的方式为其展现出一个进行自我风险评估的系统，客户应该是乐于接受的，除此之外，在网络上进行资产评估，其私密性是可以得到保护的，多数客户会愿意尝试在这种方式下进行整体资产配置和管理。当然线上使用资产配置系统时也会存在着无人指导的问题，一旦客户在操作环节遇到问题，没有人可以直接面对面交流，就会造成继续推进的障碍，因此，我们建议，对于互联网金融机构，在进行财富管理资产配置系统设置时，除了将系统建设得更加简便外，还应该建立一个专业的服务热线，给那些遇到问题的客户及时答疑解惑。

应该说，上面这三个方面的应用解决了资产配置中的最优组合问题，从理论、数据、工具三个方面可以准确地挖掘出客户需求，并对金融产品的风险收益特征进行描述，最终达到两者相匹配的目标，当然，对于线上互联网财富管理机构，应该更具有优越性，如果能将其优势得以发挥，不仅可以抢夺一定的市场份额，而且有可能逐步取代线下的传统财富管理机构。

三、产品风险

资产配置中除了上述最优资产组合问题外，另一个让投资者困惑的就是产品风险问题，无论是线下的传统财富管理机构，还是线上的互联网金融机构，都会面临产品风险问题，那么，如何解决这些相关问题呢？我们一一进行研究。

（一）财务风险

财务风险是产品风险中最重要的风险，传统意义上的财务风险以违约风险为主，对于这类风险，目前普遍的解决方式之一都是增信。最简单的就是贷款企业，通常都会提供抵押物，这实质上就是一种增信，类似的，在信托产品中，常会出现担保方，这种担保也是一种增信方式。在传统金融产品中，都会有产品说明对其中的担保方予以说明，对于互联网金融机构，在进行资产配置时，也应该防范这种财务风险，产品设计之初就可以通过寻找增信机构给予担保的方式，对产品提供一定的信用支持。

（二）道德风险

所谓道德风险，也是伴生风险中的一类，是指投资管理人不能履行独立投资决策的风险。对于这种风险，传统金融产品通过独立托管的方式进行规避，即找到一家与投资管理人没有利益冲突的商业银行进行资金托管，监管投资管理人的交易行为，这种方式可以在一定程度上限制投资管理人的不尽责行为。对于互联网金融机构的产品，也应该防范这种道德风险，采取独立托管，对投资管理人的交易行为进行有效监督。

（三）市场风险

市场风险，是指在投资运作过程中遇到市场波动进而引发的产品收益波动风险，对于这种风险，无论是线上还是线下机构，都需要采取资产组合的方式进行防范，这也就是资产配置的核心所在，经过合理的资产配置可以有效防范市场波动的影响，维持资产收益的稳定增长。

（四）法律风险

对于互联网金融机构，其产品也会面临法律风险，即在产品结构设计上或者由于监管机构的相关政策调整导致的产品风险，对于这种风险，也应采取与传统金融产品一样的处理办法，一方面通过法律相关机构进行产品条款的审查，另一方面在产品说明中对相关问题进行界定。

综上，互联网金融环境下的财富管理也会面临诸多产品风险，那么对于这一过程中的资产配置，也要防范相关风险发生后带来的后果。这里最常用的办法就是采取与传统金融产品一样的态度，将每一类风险进行约定，找到对应的处理方法，提前规避其中可能出现的问题。

第四节　资产配置实践中的困难

从前几节的内容可以看到，资产配置是互联网财富管理中的核心，通过理论、数据以及工具应用可以解决资产配置中的最优资产组合问题，通过一系列风险防范措施也可以解决资产配置中的风险问题。如此看来，资产配置的相关问题都可以较顺利地解决，那在现实中是不是资产配置的推广就会很顺利呢？线下机构在为客户财富管理时是否能够正常使用呢？从我们的经验看，未必如此，在实际应用中资产配置理论仍然会遇到很多现实困难，目前部分股份制银行正在通过系统培训、客户培育等方式逐步解决其中的问题，那么对于互联网金融机构，在初建财富管理体系时就应该有针对性的布局资产配置的相关工作？对于线上机构如何才能解决目前线下机构出现的相关问题？这些都将是本节解决的问题，也是本书的核心。

一、无法接受最优投资组合

资产配置过程其实就是最优投资组合的确认过程，对于客户风险偏好的评估，如果客户主观或客观的不愿提供真实意愿表示，那就无法真实评估客户风险承受能力，但这对于客户自己是有清晰心理认知的，即便未来会影响实际的资产配置效果，客户也应可以接受。因此在资产配置中客户无法接受的通常是产品配置层面，说得通俗一点，就是客户会对"为什么这样的产品组合配置可以匹配我的风险收益特征"产生疑问，特别是在市场环境较极端的情况下，客户的心理会产生微妙变化，这时客户会变得更加非理性，更加难以进行恰当的资产配置。下面我们将从资产配置在现实中遇到的问题进行分析。

（一）现实中的问题

资产配置应用时，无论是从财富管理机构还是客户，都会面临两方面问题，即客观的和主观的。从财富管理机构的角度看，客观的问题在于客户的选择，也即客户无法接受资产配置理念或有其主动选择产品的动因，主观的问题在于财富管理机构自身，即财富管理机构出于种种原因无法按照资产配置理念进行实施。从客户的角度看，与财富管理机构正好相反，下面我们就从这两个方面来研究一下资产配置过程中的现实问题。

1. 产品导向——财富管理机构的主观问题

产品导向是资产配置在现实中无法"落地"的重要原因之一，这种以产品为导向的销售模式是目前财富管理机构普遍存在的问题，其根本在于销售任务的导向。考核是指挥棒，目前绝大多数机构均以单只产品或单类产品下达销售任务，这样在一线销售中就不得不以某一类产品为销售目标，直接体现出来的就是产品销售为导向，难以实现真正的资产配置，而财富管理机构这样下达任务的原因在于其中间业务收入的考核压力，更多的机构面临这种收入考核压力时，不得不选择在一些重点产品中进行大力销售，这就在无形当中导致了一线销售以单只产品为主导，无法有效进行客户配置。这一问题实际上是财富管理机构的主观问题，但从非专业的客户看，这一问题就成为其客观需要面对的问题，从过往的经验看，不少商业银行存在着较严重的产品导向问题，2007年，股票基金受到客户追捧，就大力推进股票基金销售，2009年，阳光私募以追求绝对收益为目标，销售机构大力推进此类产品销售，2013年，大力推动债券基金销售，最终由于收益不佳出现客户大量负反馈。这一系列以单一产品为导向的销售模式实质上是理财经理以人格作为背书进行销售的方式，这种方式产品获取较好收益则已，如无法取得较好回报，不仅伤害客户利益，长此以往，客户必将对理财经理丧失信心，最终产品销售机构的专业性也会遭到质疑。

2. 投资的非理性——客户的主观问题

投资的非理性是财富管理在资产配置中遇到的另一个常见问题。这一问题是客户的主观问题，由于客户非理性的选择导致最终产品配置不理想的结果。这一问题反映的是客户无法真实表现自我风险收益特征，其交易行为更多的是由于心理变化而形成的。当然，对于这一问题是有理论进行支持的。在不确定条件下的决策过程中，理性投资者应该从最大数学期望或期望效用最大化的角度进行产品投资，然而实践中未必如此，1952 年，法国经济学家、诺贝尔经济学奖获得者阿莱作了一个著名的实验：

对 100 人测试所设计的赌局：

赌局 A：100%的机会得到 100 万元。

赌局 B：10%的机会得到 500 万元，89%的机会得到 100 万元，1%的机会什么也得不到。

实验结果：绝大多数人选择 A 而不是 B。即赌局 A 的期望值（100 万元）虽然小于赌局 B 的期望值（189 万元），但是 A 的效用值大于 B 的效用值，即：

$$1.00u（100）> 0.89u（100）+ 0.01u（0）+ 0.1u（500） \qquad (5-1)$$

然后阿莱使用新赌局对这些人继续进行测试：

赌局 C：11%的机会得到 100 万元，89%的机会什么也得不到。

赌局 D：10%的机会得到 500 万元，90%的机会什么也得不到。

实验结果：绝大多数人选择 D 而非 C。即赌局 C 的期望值（11 万元）小于赌局 D 的期望值（50 万元），而且 C 的效用值也小于 D 的效用值，即：

$$0.89u（0）+ 0.11u（100）< 0.9u（0）+ 0.1u（500） \qquad (5-2)$$

而由式（5-2）得：

$$0.11u（100）< 0.01u（0）+ 0.1u（500）$$

$$1.00u（100）- 0.89u（100）< 0.01u（0）+ 0.1u（500）$$

$$1.00u（100）< 0.89u（100）+ 0.01u（0）+ 0.1u（500）$$

这与式（5-1）矛盾，即阿莱悖论。

阿莱悖论的另一种表述是：按照期望效用理论，风险厌恶者应该选择 A 和 C；而风险偏好者应该选择 B 和 D。然而实验中，大多数人选择 A 和 D。

阿莱悖论实际上反映了一个事实——随着概率变大，人们的满足程度并不是线性递增的，人们对结果的确定性明显存在过度的重视。

反映到产品的配置上依然如此，2007 年股票市场的大牛市环境，太多的客户看到别人购买基金产品获利，就蜂拥进入这一市场，这时候客户心中反映的是对于收益的过度重视而忽略风险，很多客户配置了过多与自身风险偏好不符的产品，2008 年后，这些客户都出现了大幅亏损。究其原因，虽然是由于金融机构对风险的认知度不高，没有及时做好风险揭示工作，但主要原因还是客户自身，面对市场狂热的时候无法理性面对，自己的风险偏好跟随市场的变化而变动，这种不理性的跟风投资、资产配置极度不合理的行为最终导致了自身损失。

在这两种现实问题中，第二种是较难解决的，因为这更多体现的是客户心理上的变化，这种变化是很难依靠外力扭转的，对于财富管理机构，无论是传统的线下机构还是线上机构，都应该着力解决这一问题。

（二）问题解析

从资产配置现实中应用存在的问题可以看出，资产配置理念在现实中存在的问题核心是：专业知识不足+信息无法吸收+信任无法建立。

第一，专业知识不足是指理财经理的专业水平有限，无法向客户阐述清晰资产配置的原理，并进而促成客户的配置。或者说是理财经理自身的能力不足，无法让客户感受到其自身的专业。

第二，信息无法吸收是指理财经理已阐述清晰资产配置的原理，但客户由于心理认知的偏差，最终并不理解或者无法及时吸收相关内容，而导致产品配置的不合理。

第三，信任无法建立是这一系列问题中的最核心问题。按照理财经理的英文描述"Relationship Manager"，营销的核心实质上是关系营销，那么建立客户信任是最重要的问题，前两点都是依托于建立信任后的成功销售。

当然，这一系列问题归根到底是客户的心理问题，也就是投资心理学的范畴。在马柯维茨提出资产组合投资理论之后，资本资产定价模型就对其在现实中的应用提出了一系列假设条件，简单地说，包括以下几点：①市场上存在大量投资者，每个投资者的财富相对于所有投资者财富的总和来说是微不足道的。投资者是价格的接受者，单个投资者的交易行为不会对证券价格造成影响。②投资者都在同一证券持有期内计划自己的投资行为。这种行为是短视的，因为它忽略了在持有期结束的时点上发生的任何事件的影响，而短视行为通常不是最优行为。③投资者的投资范围仅限于公开金融市场上交易的资产，排除了投资于非交易性资产的可能。而且资产的数量是固定的。同时，所有资产均可交易而且可以完全分割。④存在无风险资产，投资者能够以无风险利率不受金额限制地借入或者贷出款项。⑤不存在市场不完善的情况，即投资者无须纳税，不存在证券交易费用，包括佣金和服务费等，没有法规或者限制条款限制买空。⑥投资者都是理性的，是风险厌恶者，他们追求投资资产组合标准差的最小化，也就是风险的最小化，他们期望财富的效用达到最大化。⑦所有投资者对证券的评价和经济局势的看法都是一致的。无论证券的价格如何，所有投资者的投资顺序都一样。⑧资本市场是无摩擦的，而且无信息成本，所有投资者均可同时获得信息。

应该说，当代资产配置理论就是基于这一系列前人研究的成果进行发展和演绎的，核心前提条件在于资产配置是建立在理性人假设、信息充分对称的基础上的，是专业人士经过研究后得出的专业结论，从最终结果看，可以认为是理论中最优的。然而，市场上的参与者，并非是理性人，其决策过程与理性化的专业人士的决策过程是有所区别的。正是基于这一核心问题，才会导致上述资产配置理念在现实应用中出现的一系列问题，最终导致资产配置理论无法真正的"落地"。

（三）线下机构的解决办法

虽然资产配置理论在实践中遇到一定的问题，但这并不影响传统金融机构在产品销售过程中的使用。对于线下机构，在真正运用资产配置时，是会进行变通的。

前文已经论述了最优投资组合的结果是完美的，且论述过程是有逻辑支撑的，客户在产品配置过程中也会向理财经理咨询，聆听理财经理的相关建议，但最终客户往往是把组合打散，仅听取一点，配置一类产品（或一只产品）。出现这种问题的主因还是客户投资心理的变化，出现这一情况，理财经理也很无奈，在同时面对销售和资产配置双重任务的压力下，理财经理就出现了分化。

能力较强的理财经理，在这种背景下就仅能先以人格背书对单一产品进行销售，但是在产品销售完成之后，理财经理会通过后续邀约、逐步为客户进行组合配置的方式为客户进行组合管理，同时在下一次与客户面谈时对前期已配置的产品进行回顾，及时提醒客户该产品的运作状态，做好产品的售后服务和客户的持续投资教育工作。这种方式，虽然一次性未能实现客户的资产配置，但从长期看，实质上是可以完成客户的组合管理的，最终可以实现资产配置的"落地"。

对于能力较差的理财经理，在这一过程中所做的就是两层皮的工作。即：一方面，按照资产配置的理论逻辑和资产风险收益特征进行测算，出具理财建议书，为客户提供一份完美的投资报告；另一方面，客户却未必会真正按照这里面的逻辑进行配置，仅取其中部分观点，最终完成单一产品的配置。尽管这一结果未能实现客户的资产配置，但对于理财经理而言，已经可以完成其产品销售的目标，因此也可以感到满意了。这种方式在现有的传统金融机构中是屡见不鲜的，资产配置更多的是一个幌子，是邀约客户来面谈的理由，与客户真正沟通之后，就会出现前面所谈到现实应用中的问题，最终的结果还是单一配置产品。现在相对先进的金融机构就采取过程管理与结果考核并行的方式，希望能够对过程进行约束，长时间的锻炼后改变这一结果。

对于这种方式，从目前的应用看，是可以实现不确定性产品销售的，因为借助一份宏大叙事背景下的组合报告，足以显示理财经理服务的专业性和含金量，再加上客户经理的人格背书，要想实现一类产品的销售并不难，而且如果这些产品的表现能够持续较理想，基本能够达到客户预期，那客户也不会有太多意见，似乎这一切都可以完美顺利地发展。然而，当我们面对市场环境出现变化的时候，单一产品的配置就很可能出现极端风险，这里的市场不仅仅是股票市场，债券市场也会出现收益率持续上行、债券价格下跌的情况，在这种情况下，债券基金也一样会有亏损的可能，也会造成客户的持续负反馈。

综上，目前在线下的传统金融机构中，这种资产配置理论存在着推广的现实问题，但是在实践中，理财经理或多或少都可以通过一些"变通"方式进行操作，这种配置在良性市场环境中不会出现太多问题，然而一旦市场环境恶化，则会直接导致客户的损失。

二、互联网金融的突破点

对于线下机构资产配置应用中的问题，线上的互联网机构是否能够解决？突破点又在哪里呢？

前文说过，互联网机构最大的特点在于可以获取人的交易行为，这种行为反映的就是人心理上的变化，因此互联网机构若想突破财富管理中的资产配置问题，就要从客户的心理入手。我们曾经在《财富管理与资产配置》一书中介绍了"不确定条件下的决策理论"，在这其中详细介绍了前景理论，该理论是行为经济学的奠基性理论，由丹尼尔·卡尼曼（Daniel Kahneman）和阿莫斯·特沃斯基（Amos Tversky）在1979年提出，于20世纪80年代兴起，解释经济活动不同于标准经济学决策模型的"异常现象"。我们认为前景理论正是互联网金融机构取代传统金融机构进行财富管理的理论支持，如果能把前景理论有效地应用于实践，则很可能互联网金融机构也寻求到发展互联网金融的突破点。

（一）难点

前景理论构建的一个主要来源是认知心理学。其重要分支是信息加工心理学，信息加工心理学充分体现了系统论、控制论、信息论的思想，认为人的信息加工是认知结构中的信息选择、接受、编码加工、贮存、提取和使用的过程。同时，前景理论对于人们在不确定条件下决策方式的基本结论是：人们做出决策的时候，考虑的不是最终财富水平的效用，而是某个决策参考点的财富变动。所以，人们的决策不是按照期望效用最大化来决策的，而是通过对信息的"编辑"和"评价"两个阶段来完成。人们做出的选择也未必是最优的，但一定是当事人感到最满意的。在这样的决策过程中，人们在"编辑"阶段按照一定的决策启发程序对信息进行编辑，并在"评价"阶段依靠"五大偏好"来决策。

这一系列信息编辑和信息评价的决策过程都是由人的内心完成的，外界无法获知输出给他的信息是否出现了编辑偏差，这正是资产配置这一理念进行实践的最大难点，也是资产配置理论在传统金融环境下进行实践的困难之处，即理财经理无法真正的获取客户内心的决策。

（二）突破点

互联网金融机构相对于传统金融机构的最大优势在于其可以掌握客户的交易行为，而这些交易行为体现的正是客户内心的决策过程。每个人在互联网上都会留下痕迹，也就是信息浏览的过程，这一过程可以充分表征他的信息获取路径和获取到的信息，通过这些信息就可以获取客户内心对信息"编辑"和"评价"的过程，同时参照这两大阶段可能出现的偏差，对其行为进行矫正。

举例来说，在互联网购书网站中，目前比较普遍的会出现"您的购买记录"和"猜猜您可能喜欢什么书"、"购买这本书的人也购买了……"等信息，能够提供这一信息正是基于网站对过往客户的信息浏览过程进行深度分析的结果，这一分析结果正是就客户内心对信息的"编辑"和"评价"过程进行研究后得出的，在实践中也取得了非常好的效果，很多时候，读者就会顺其自然地浏览网站推荐的其他图书，最终促成交易。

将这一方式运用于互联网金融机构也是可行的，每一个通过互联网购买金融产品的客户会留下一系列交易行为和交易信息，当拥有足够多的客户信息后，互联网金融机构就可以分析其背后的行为动机和对信息"编辑"和"评价"的过程，形成自己的结论，基于此，可以将这一结论推送至具有同样交易行为的潜在客户，进而促成交易。当然，体现在互联网这一交易媒介中，最终展现给客户的是一个结论，但其背后对应的是一系列的数据分析，形成"信息包"，反馈至客户，改变客户认知上的心理障碍。我们也对这一过程进行了模型设计，下面进行介绍。

(三) 模型设计——逆向信息分解五步法

在前景理论中，人们期望的主要变量是参照系。最终形成决策的均衡状态，并不取决于最优结果，而是相对结果，决策的结果与参照水平密切相关。因此，参照点就成为决定决策结果的重要变量。而参照点的形成又取决于很多因素，包括一个人的历史记忆、接受新鲜外部刺激的范围频度等。

整个前景理论的决策过程包括信息编辑和信息评价两个阶段。对于信息编辑阶段，人们主要对不同的"前景"进行简化和重新编码。这个阶段包括编码、整合、分解、删除四个步骤。从认知心理学的角度，对信息的编辑又可以分为四个阶段——信息获取、信息加工、信息输出、信息反馈，并且在每个阶段，人们都会呈现出一些非理性的认知偏差。在信息编辑之后，就进入信息评价阶段，体现出来的就是最终客户的结论。

当单纯研究投资行为的时候，认知偏差可以看作是一种对正确结果的偏离，但是从成功营销的角度看，这些所谓的"偏差"恰恰就是投资者做出决策的方式和必经过程，只有沿着这些"偏差"的路径才能找到理性与感性的契合点。

我们设计的模型就是要通过信息编辑的四个阶段和信息评价过程找到这些非理性的认知偏差，进而实现最终的成功营销。首先，这里要明确的是，这一模型是对线上互联网金融机构使用的，其展示形式必须是电子形式，而不能是人与人的交流，这一过程也不是直接推出结论，它必然是一个逐步推演的过程。其次，这一模型与传统前景理论的两个阶段是互逆的，因为对于客户而言，是按照"信息编辑"和"信息评价"进行输出的，而互联网机构，直接面对的信息就是客户"信息评价"的结论，进而再通过自身一系列的"信息编辑"过程解决客户的认知偏差。因此我们把这一模型称为"逆向信息分解五步法"。

1. 发布"信息包"

按照资产配置理论的原理，对于基础资产的数据分析以及基础资产与产品匹配的过程是不需要客户参与的，因此只要获得了投资者的风险收益特征，就可以直接输出最优产品投资组合，也即"信息包"。这一过程就是前景理论中的信息评价过程，对于互联网金融机构，即需要对客户提供的信息进行准确评价。前景理论用偏好函数代替了效用函数来评价得失，在函数的参数上也用决策权重代替了概率，随即提出了五大偏好函数：确定效应、反射效应、损失规避、迷恋小概率事件和参照依赖。那么，对于互联网金融机构，在进行第一步——发布"信息包"时，就可以按照这五大要素——破解。

（1）确定效应。就是在确定的收益和"赌一把"之间做一个抉择，多数人会选择确定的好处。

一个经济学实验的结果体现了确定效应——让一群人分别做如下选择：

A. 直接获利 3 万元；

B. 以 80%的概率获利 4 万元，20%的概率什么也得不到。

实验结果是，大部分人选择 A。

这与数学期望理论得到的结果明显不符，因为 4 万元 × 80% = 3.2 万元，方案 B 的数学期望要大于 3 万元。

这个实验结果是对确定效应的印证：大多数人处于收益状态时，往往小心翼翼、厌恶风险，害怕失去已有的利润。确定效应表现在投资上就是投资者有强烈的获利了结倾向，喜欢将正在赚钱的股票卖出。实际上，在投资决策中，多数人的表现是"赔则拖，赢必走"，投资者卖出获利股票的意向，要远远大于卖出亏损股票的意向。这与"对则持，错即改"的投资核心理念实际上背道而驰。

（2）反射效应。与确定效应相反，就是在确定的损失和"赌一把"之间做一个抉择，多数人会选择"赌一把"。

一个经济学实验的结果体现了反射效应——让一群人分别做如下选择：

A. 确定亏损 3 万元；

B. 以 80%的概率亏损 4 万元，20%的概率没有任何损失。

实验结果是，大部分人选择 B。

这与数学期望理论得到的结果同样明显不符，因为（–4 万元）× 80% = –3.2 万元，方案 B 承担损失的数学期望要大于 3 万元。

这个实验结果是对反射效应的印证：多数人处于亏损状态时，会极不甘心，宁愿承受更大的风险来赌一把。也就是说，处于损失预期时，大多数人变得甘冒风险。这种非理性偏差在投资决策上的典型表现，就是喜欢将赔钱的股票继续持有下去。统计数据证实，投资者持有亏损股票的时间远长于持有获利股票。投资者长期持有的股票多数是不愿意"割肉"而留下的"套牢"股票。

以上两种效应在实践中最常见，因此，通过互联网发布"信息包"时，就需要有意识地扭转客户的这两种效应。最典型的方法就是改变客户对于确定性事件的过多关注，或者将客户认为的不确定性事件转化为确定性事件。举例来说，对于持有基金的客户来说，让其进行基金诊断和调仓最大的难点在于客户不愿赎回其亏损的产品。然而这时就可以为其对比展示优劣基金的差异，同时要强调的是，目前已经处于亏损状态的基金资产实质上已经是确定性的亏损了，并不是或有损失的概念。如50万元的原始资产亏损10万元，剩余的资产虽然在账户上显示的是"-10万元"，但实际上客户拥有的资产仅剩40万元，这时无论是否进行基金调整，其资产已经损失，与其持有一只不理想的产品不如调整为一只绩优产品。这种方式就是帮助客户把一些他认为的不确定事件转化为确定事件，同时也可以转变其对于亏损的认知，解决反射效应中体现的问题。

（3）损失规避。是指人们对财富的减少比财富的增加更加敏感，损失的痛苦远大于获得的快乐。最简单的例子就是，白捡100元所带来的快乐，难以抵消丢失100元所带来的痛苦。

损失规避是前景理论最重要也是最有用的发现之一。这个认知偏差说明：投资者进行有关收益和有关损失的决策时，表现出很强的不对称性——大多数人对损失和获得的敏感程度不对称，面对损失的痛苦感要大大超过面对获得的快乐感。

损失规避深深地影响着人们的投资决策。由于人们对一定数量的损失要比对相同数量的收益敏感得多，因此即使事先向客户讲明了某基金的下行风险，一旦真的遭遇到亏损，投资者还是很容易情绪激动。再如，很多人因为知道产品有亏损的风险，即便自身具备一定的风险承受能力，也不愿投资有亏损风险的产品，这就是很多人因为损失规避放弃本可以获利的投资机会的原因。

由损失规避，又衍生出了两个典型的认知偏差表现——禀赋效应与棘轮效应。

禀赋效应指的是当个人一旦拥有某项物品，那么他对该物品价值的评价要比未拥有之前大大增加。

由于禀赋效应，人们要避免失去所拥有的东西，容易产生"安于现状情结"。禀赋效应在投资上的典型体现，就是由于害怕损失，股票的拥有者在承受股价下跌时，往往会变得风险偏好，为了避免损失而愿意冒价格进一步下跌的风险继续持有股票，希望有朝一日股价能重新上涨。从而产生一种奇怪的现象：股票或房地产的价格越低，其成交量反而越低，这与传统的经济学的需求曲线是相悖的。

由于禀赋效应使人产生安于现状情结，人们往往不愿意改变环境，从而表现为在谈判中不肯让步，一个典型的例子就是工资刚性，人们甚至宁可失业也不愿意降低工资。另一个例子就是老公司往往比新公司存在更多的低效率的规章制度。

棘轮效应是指人的消费习惯形成之后有不可逆性，即易于向上调整，而难于向下调整。尤其是在短期内消费是不可逆的，其习惯效应较大。这种习惯效应，使消费取决于相对收入，即相对于自己过去的高峰收入。消费者易于随收入的提高增加消费，但不易于收入降低而减少消费。其实，棘轮效应用一句古话来解释，就是"由俭入奢易，由奢入俭难"。

对于损失规避这一问题，在现实中也是广泛存在的。然而在资产配置过程中，客户必须要面对可能出现的损失，因为如果不愿面对损失，就不存在资产配置，只需配置确定性产品即可实现。那么在互联网金融向客户发布"信息包"的过程中，如何解决这一问题呢？我们认为需要在信息展示过程中将未来资产配置可能的区间进行有重点的突出展示。如根据风险承受能力较低客户的风险收益特征，资产配置模型测算的区间是 [-2%，8%]，那么这时就可以重点突出对8%的展现，当然，对于-2%也需要提示，但是这种展现方式就可以与8%形成较大反差。

（4）迷恋小概率事件。也是前景理论的另一个偏好函数，即人类具有强调小概率事件的倾向。

面对小概率的盈利，多数人是风险喜好者。

面对小概率的损失，多数人是风险厌恶者。

如彩票，不但很多人买过，还有相当一批"彩民"。虽然从理论上看，买彩票赢钱的可能性微乎其微，可还是有人心存侥幸，试图博取小概率事件（中彩）的收益。

又如保险，虽然遭遇风险事件的概率非常小，可人们还是希望通过经济手段规避这个风险，哪怕付出的保费比公平保费高很多。人们的这种倾向，是保险公司开展经营并获得利润的心理学基础。

针对这种现象，前景理论指出，在风险和收益面前，人的风险属性是不同的。在涉及收益时，大部分人是风险厌恶者；但涉及损失时，大部分人却是风险喜好者。

这还是客户无法真正对自身风险偏好进行理性认知的问题。这就需要在发布"信息包"时，能够真正准确地挖掘客户的风险偏好特征。在对其交易行为进行分析和研究时，对于其在面对小概率盈利时体现的过高风险偏好和面对小概率损失体现的过低风险偏好行为，要进行有效过滤，不能以此作为客户真实风险收益特征的展示。

（5）参照依赖。是指多数人对得失的判断往往根据参照点决定。投资者对一个决策结果的评价，是通过计算该结果相对于某一参照点的变化而形成的。人们看的不是最终的结果，而是看最终结果与参照点之间的差额。

以下调查的结果是对参照依赖这种偏好的证实：

假设某人在同样的环境下同时面对两份工作：

A. 其他同事年收入 10 万元的情况下，你的年收入 12 万元；

B. 其他同事年收入 15 万元的情况下，你的年收入 13 万元。

这个调查的结果是：大部分人选择了前者。

这一偏好严重影响着人们对投资结果的评价：当市场普遍下跌、哀鸿遍野的时候，投资者对自己所持股票型基金遭遇亏损的不满就会有所减弱；而当市场上涨时，如果自己所持股票基金的盈利比别人低，投资者也会不满。

对于这一现象，在进行资产配置时，需要向客户提示一个标准化的、客观的业绩基准，而且，这一业绩基准需要不断向客户强化，无论在市场理性或不理性时，都应该有意识的对其可能出现的参照依赖现象进行提示，避免在市场非理性时再对客户进行过度的资产配置。

在逆向五步分解法中，第一个步骤是最重要的，因为这个步骤是对客户的交易行为进行综合分析和研究进而得出相应结论。也是资产配置整个流程中最有可能出现客户认知偏差的环节，只要这一步骤中能够找到认知偏差并进行纠正，那么后面的步骤就会相对简单。

2. 分解"信息包"

这一过程要对产品组合的构建过程进行演示，也即如何根据客户的风险收益特征推演到最终的产品配置。在这一步中，最重要的是确定一个恰当的决策参考点。

这一步骤对应于前景理论中信息编辑的信息获取阶段。在信息获取阶段，很多认知偏差来源于记忆方面出现的偏误和工作环境上出现的偏误。认知心理学认为，人性天然的弱点——贪婪与恐惧对信息的获取存在影响；同时，人类的信息获取也存在生理限制——记忆的容量有限，只有部分信息能够得到关注，具体表现为：易记性（具体信息的获取多于抽象信息）、易得性（人们总是喜欢偏向于自己熟悉或者容易提取的信息来对某事进行决策）和次序性（越早到来越有优势、越往后权重越大）。因此，人们在获取信息的过程中，就会自然地选择更容易被记忆的、被理解的和时间上占有优势的信息，而不是非常理性地选择那些逻辑上更有价值的信息。

由于这种信息获取的偏差并不是客户主观的意愿体现，而是由于生理限制所决定的，无论是谁可能也无法真正地唤起其理性的认知，因此在为客户进行"信息包"分解时，就应该为客户提供符合其信息获取阶段中易记性、易得性和次序性三原则的信息。

当然，针对这三个方面信息的提取，互联网金融机构是较容易解决的，可以利用过往客户的交易行为进行分析，找到具体信息获取的来源、与客户自身相关熟悉的信息以及最新的信息等。

3. 解读"信息包"

这一步骤是如何将"信息包"展现的过程，也就是要找到客户最易于接受信息的方式。这个步骤对应前景理论的信息加工阶段。在这一阶段，人们将已经获取的信息加工解读为对投资行为的意义。信息加工阶段最常见的偏差是框架效应。框架效应是指对同一个问题，两种在逻辑意义上相同的说法却导致了不同的决策判断。具体到投资决策上的表现是，当投资者感觉某一方案带来的是"损失"而不是"收益"时，投资者会更加敏感和难以接受。

也就是说在信息的加工阶段，投资者并不会按照建议者的逻辑推演全盘接受，而是会被逻辑演示的形式和外在包装所影响。如果能够理解这一问题，就为资产配置在互联网金融中的应用提供了解决方案。我们可以通过图文描述的方式为客户确立能够接受的决策框架。实际上，对框架效用的利用在财富管理业务中很常见。如建议客户投保期缴型重疾险时，如果在投资建议中建议客户每月付出一定金额完成投保，和建议客户每月用理财或基金的收益配置一份保障，客户接受的效果会完全不同。

4. 评价"信息包"

这个步骤是信息输出阶段，在这一过程中，投资者将加工过的信息输出为参与投资决策的信息。这时一个常见认知的偏差是过度自信——认为自己知识的准确性比事实中的程度更高，对自己的信息赋予的权重大于事实上的权重。市场上的投资者在判断和决策中往往会存在过度自信特征。当人们期望一种结果，而这种结果确实发生时，过度自信会更明显地体现出来，人们往往会高估自己的能力在理想结果中的作用。所以，当投资者一旦下定决心后，特别是给出拒绝答案，是比较难以推翻的。

对于这一问题，我们认为是相对较好解决的，面对客户的过度自信偏差，可以及时引入外部评价，即采用非利益关系的第三方信息，对相关产品进行客观评价，这时对客户而言，就可以通过市场上客观的评价对产品进行理性认知，进而实现产品的合理配置，当然这种方式未必立刻有效，但客户可以通过产品购买量的调整以及关注度的提升逐步扭转这一过度自信问题。

5. 售后服务

最后一个步骤是通过建立"售后评价坐标"来让客户建立起对组合的心理信心。对应于前景理论中的信息反馈阶段。在这个阶段中，人们对于输出的信息所带来的结果进行自我反馈。在这一阶段也有很多常见的认知偏差，包括正向归因、后见之明、损失厌恶、后悔厌恶、认知失调、确认偏差等。

（1）正向归因。在信息反馈阶段，人们需要将失败或成功归结于某种原因。正向归因是指人们在进行这种归因时，一般会首先寻找外部因素，如投资环境恶劣、遭遇黑天鹅事件等不可控因素，而不愿反省自己内部的原因。

（2）后见之明。人们在某一结果出现后，总能找到若干理由证明这样的结果必然出现，觉得自己"早就知道"这样的结果，即俗语所说的"事后诸葛亮"。这种现象无论在球赛后，还是股市收盘后都非常常见。

（3）损失厌恶。人们在决策过程中，内心对利与害的权衡是不均衡的。前景理论的提出者丹尼尔·卡尼曼指出，在可以计算的大多数情况下，人们对"所损失的东西的价值"估计要高出"得到相同东西的价值"的 2.5 倍。人们的视角不同，其决策与判断是存在偏差的。由此，在信息反馈阶段，人们会将信息对应自己已经设定的视角或参考标准，而不仅反馈信息的客观情况。

（4）后悔厌恶。当人们做出错误决定之后往往后悔不已，感到要为损失承担责任，导致内心十分痛苦。因此，如果某决策方式能够减少投资者后悔的可能，投资者会倾向于这样的决策方式。典型的表现为：为等待某些不必要的信息而推迟决策以及从众行为等。

(5) 认知失调。在几乎所有包含多种可能结果的决策之后，人们在认知上会产生冲突，表现为人们常常会问自己是否做出了正确决策。决策的选择是否能让结果本应更好等。出现这种现象的原因是，人们所选择的那个决策，结果常常包含着消极的一面，人们未选择的那个决策，也经常包含着积极的一面。这与相信自己做出了最好决策的观点相矛盾。这种矛盾在心理学上被称为认知失调。认知失调的一个基本假设是，冲突使人感到不愉快，所有人都试图尽可能快地解决在感知和思考之间的任何冲突因素。解决方法是使自己的认知和思考的方向相一致，努力寻找与决策协调的认知因素，或者忽略失调认知因素，把失调的认知变成协调的。

(6) 确认偏差。一旦人们形成一个较强的信念，就会有意识地寻找利于证实自身信念的证据，而不再关注那些否定该信念的证据。确认偏差会导致投资者减持错误的交易策略，甚至带来市场的长期定价错误，直到非常强有力、不容忽视的新证据出现。

在互联网金融中，对于第五个步骤，也就是售后服务阶段，我们应该尽力去避免上述六个可能出现的认知偏差，这时需要强调的理念是要帮助客户正确看待资产组合的盈亏，逐步接受组合投资的概念。

举一个简单的例子来说明这一问题，同样还是基金产品的售后服务，我们应该在什么时候帮助客户进行基金调整，是在基金出现亏损时？还是客户对收益不满时？又或者是其他的时间？这里实质上就体现出上面这几个客户认知偏差。有些客户在基金亏损了就来找理财经理抱怨，这时会有两种原因：一是理财经理在销售时给了客户一个错误的认知，告知其产品不会亏损；二是在产品销售时做好了风险揭示，但客户这时出现了损失厌恶的认知偏差，那么对于理财经理应该怎么做？是和客户一起去抱怨产品还是帮助客户扭转其认知偏差，我们认为这种偏差是可以扭转的。抛开第一种原因不谈，主要针对第二种原因即客户的认知偏差进行分析。

要想实现帮助客户进行基金产品调整，必须要有一套完整的逻辑，这一逻辑是和基金购买时的逻辑一致且对应的。这一点很重要，如果理财经理不能以一个完整而连续的逻辑去帮助客户进行产品配置，那么就很可能会被客户带入上面几个认知偏差，无法理性地帮助客户进行产品调整，具体地说，这里的逻辑可以包括：其一，之前买基金的逻辑是什么？如市场环境、基金经理、基金公司等。其二，现在这些逻辑有没有变化？其三，哪些因素变化了，变化到足以让客户调整基金的程度？其四，如果客户认同这些变化，那就可以进行基金调整。相反的，如果这些逻辑没有变化，是不是就可以继续持有相应产品？应该说如果一个成熟的理财经理能够运用好这一逻辑，并能够在实践中持续地、有计划地帮助客户进行逻辑回顾，就可以有效扭转客户的认知偏差，也就可以真正做好基金的售后服务工作。

上述五个步骤所构建的模型是从投资心理学的角度对资产配置理论在实践运用中问题的解决方式，对于目前正处于萌芽状态的互联网金融机构而言，具备着获取客户大数据的天然优势，如果能将客户的交易行为进行有效分析和深度研究，就能够真正找到解决资产配置现实应用中问题的突破口，如果真的如此，那么在金融产品销售领域，线上机构逐步取代线下机构的时代就将来临。

第六章
两个专题

在第五章中，我们探讨了互联网财富管理的风险管理方法与实现资产配置的思路。在本章中，我们将讨论两个具体专题，保险产品在互联网金融机构的销售和券商如何在互联网下开展财富管理。

第一节　人寿保险与互联网金融的路径选择

一、人寿保险的盈利经验

在讨论人寿保险在互联网金融领域的发展方法之前，先来回顾一下人寿保险在线下历经多年发展之后的盈利经验，以及形成目前这种盈利结构的方法。

（一）人寿保险公司当前盈利结构

人寿保险的盈利来源主要来自保单的死差益、利差益、费差益。其中，死差益源于生命表测算的风险事件发生概率与实际发生概率之间的差值，费差益源于实际所用的营业费用与预定营业费用率所计算营业费用的差值，这两项都不是保险公司最主要的盈利来源。当前，在人寿保险公司的盈利中占比最大的，是利差益，特别是带有储蓄性质的保单带来的利差益。

以国内人寿保险行业龙头中国人寿的利润结构为例。2012 年，中国人寿的营业收入、营业支出和利润总额如表 6-1~表 6-3 所示：

表 6-1　中国人寿 2012 年营业收入表

单位：百万元

	2012 年	2011 年
已赚保费	322126	318276
个人业务	305732	301986
团体业务	465	434
短期险业务	15929	15856
投资收益	80006	64823
公允价值变动损益	128	165
汇兑损失	−49	−547
其他业务收入	3168	2671
合计	405379	385388

表 6-2　中国人寿 2012 年营业支出表

单位：百万元

	2012 年	2011 年
退保金	40731	36527
赔付支出	75075	72864
个人业务	66708	64621
团体业务	249	214
短期险业务	8118	8029
摊回赔付支出	−118	−114
提取保险责任准备金	184911	181464
摊回保险责任准备金	−37	−24
保单红利支出	3435	6125
营业税金及附加	1173	952
手续费及佣金支出	27754	27434
业务及管理费	24042	22203
摊回分保费用	−150	−59
其他业务成本	6556	4531
资产减值损失	31052	12939
合计	394424	364842

表 6-3　中国人寿 2012 年利润总额表

单位：百万元

	2012 年	2011 年
个人业务	7450	17967
团体业务	−216	57
短期险业务	191	502
其他业务	3543	1987
合计	10968	20513

可见，短期险业务对该公司的利润贡献非常有限，团险业务尚未实现稳定盈利，该公司稳定的利润来源只有个人业务。

从利润来源的分项看，该公司 2012 年营业收入主要来源为已赚保费和投资收益，这两项收入主要源于带有返还功能的中长期寿险产品。而 2013 年该公司保费收入前五位产品的结构也印证了这一点（见表 6-4）。

表 6-4　中国人寿 2012 年保费收入前五位产品表

单位：百万元

保险产品	保费收入	新单标准保费收入	产品类型	备注
国寿鸿盈两全保险（分红型）	49397	5021	带储蓄性质的返还型产品	
国寿新鸿泰两全保险（分红型）	34020	3460	带储蓄性质的返还型产品	
康宁终身保险	26640	—	重疾+终身寿险	停售
国寿美满一生年金保险（分红型）	20972	—	带储蓄性质的年金产品	停售
国寿福禄双喜两全保险（分红型）	18372	2359	带储蓄性质的返还型产品	

可见，2012 年保费收入前五位的产品中，四款是带有储蓄性质的产品，另外一款是重疾+终身寿险，实际上保费也是必然返还的，只不过不一定返还给被保险人，而且这款产品已经停售了，2012 年的保费收入都是续期保费。

作为行业龙头，中国人寿的盈利结构是具备一定代表性的。目前，国内大型寿险公司的盈利结构大都如此，利润主要来源就是中长期储蓄型产品带来的利差益。

（二）人寿保险公司形成当前盈利结构的方法

人寿保险公司是如何形成这样的盈利结构的？分析了形成当前结构的方法，

我们才能讨论这样的模式能否在互联网金融中推广。

1. 企业经营角度

我们从保险公司经营的角度来看达成当前盈利结构的方法。分析从产品入手——带有储蓄性质的产品一般保障方面的杠杆率都不高，在这类产品的日常经营运作中，大部分保费都用来做投资，获取投资收益；只有很少一部分保费被用来支付保障成本，这部分成本甚至用投资收益就能覆盖。

对于以保费投资产生的投资收益，其用途主要包括：支付各类费用，包括高额的代理人费用或银保渠道费用；为保险公司带来盈利，即投资产生的利差益；作为客户的投资回报。

但是，客户的投资回报在其中并不是占最大比重。虽然监管部门规定可分配盈余的70%以上必须分配给保单持有人，但各类费用是在形成可分配盈余之前扣除的，且可分配盈余的数额保险公司也并非完全不可控制。而保单持有人得到的，是用于支付费用和保证保险公司盈利之后的那部分投资收益。

在扣除各类费用之后，保险公司投资获得的收益与客户拿到的收益之间的比例能有多少？从中国人寿的财务报表中我们可以看到：2012年，该公司投资收益约800亿元，而这一年的保单红利支出为34亿元；2011年，该公司投资收益约648亿元，而这一年的保单红利支出为61亿元。

所以，客户能够实际拿到的投资收益，是非常有限的。从客户收益的角度看带有储蓄性质的产品，就是本来买保障的钱被用作投资了，但是客户却只拿到了很少的投资回报。实际上，这就是国内寿险行业的真实现状，保险公司和销售渠道就在这种"制度"剥削中取得盈利。而之所以带有储蓄性质的产品能够成为国内寿险公司营销的主流，就是因为这类产品盈利的隐蔽性比较强——在用保费投资取得的收益基础上进行切割，既可以给客户一定的收益，又能保证自己和渠道的盈利。

之所以形成这样的盈利格局，原因主要有两个。

一是渠道集中度极高，导致渠道的议价能力极强，保险公司费用支出很高。

来看中国人寿近两年的保费收入渠道表（见表6-5）：

表6-5 中国人寿2012年保费收入渠道表

单位：百万元

	2012 年	2011 年
个险渠道	179761	160588
团险渠道	13562	12809
银保渠道	128863	144363
电销等其他渠道	556	492
合计	322742	318252

由这样的数据可以看出，个险和银保两个渠道占据保险公司保费收入的绝对主体地位，因此，保险公司也只能以高昂的费用维护这两个渠道。各类费用能有多高呢？我们来看两个不同渠道、不同类别产品的例子。按照目前的市场情况，个人代理渠道方面，期缴返还型分红险的首年佣金率在30%左右；银保渠道方面，趸缴返还型分红险的佣金率一次性给付4%左右。这样的费用率，对于投资收益的消耗是极高的。

二是保险公司投资实力有限，投资回报率不高。来看国内最重要的几家保险公司近两年的投资回报率（见表6-6）：

表6-6 三大保险公司近两年投资收益率

单位：%

公司名称	2012 年	2011 年
中国人寿	2.8	3.5
中国平安	2.9	4.0
中国太保	3.2	3.7

这种常年稳定在一年定期利率水平上的投资收益率，也使得保险公司本身可供分配的盈余数额有限。

保险公司投资回报率不高，渠道强势导致费用率过高，这两个原因共同导致了行业发展至今的盈利格局。而改变这种格局的方法，也要从这两个点上突破——或对渠道进行变革，或对保险公司的投资进行变革，这样的道路才是人寿保险未来发展的正途。而如此发展的最终结果，就是行业投资回报的再分配——在一个更加有效的市场环境下，投资收益应该由客户取得最多份额的回报，其次是保险公司本身，最后才是渠道。

2. 销售方式角度

目前行业内主流的保险产品销售方式，也是形成当前这种行业盈利格局的原因。以下分别分析当前投资型产品和保障型产品的销售方式。

投资型保险。业内销售端对于投资型保险的营销，采取的主流思路还是以预期收益率为主要卖点。趸缴产品，营销人员会拿收益率去比拼国债和定期存款；期缴产品，很多保险公司在产品设计时采用"保额分红"的概念，引导营销人员用年度保费返还率比拼同一时段的总额投资收益率。而在具体的销售环节中，营销人员还会在售前对客户进行暗示背书，用"肯定比定期利息高"等话术引导客户成交。当然，投资型保险产品本身是具备保本保收益性质的，满期后无论多少，总能保证保本有息，而历经多年之后很多客户也已不再纠结于营销人员当年的话术，于是这样的营销方法得以持续多年、沿用至今。

保障型保险。相比投资型产品，这类产品的配置原理更复杂，销售流程也更长。与客户对投资型产品的天然需求不同，客户投保保障型产品，需要经历需求唤起、不断坚定的过程，在销售促成的过程中，还需要营销人员以情感、礼品以及孜孜不倦地游说来加固客户的购买意志。

（三）传统的寿险盈利模式在线上难以复制

根据上述梳理与总结，我们来探讨传统财富管理行业中的人寿保险业务模式能否在互联网金融领域复制。从上一段的总结看，线下的盈利模式很难在线上复制。

这种阻力主要缘于销售方式的限制，线下的寿险销售经验很难在互联网上应用。按照我们在前一部分的总结，在线下的寿险产品销售中，营销人员是起到很大作用的。对于投资型产品，营销人员需要对产品的收益进行暗示背书，这样的暗示背书往往是通过一些模棱两可的语言完成的。但在互联网平台上，产品条款清楚地显示在网页上，没有人能对其收益进行模糊化的处理。对于保障型产品来说，营销人员需要对产品进行需求的启发和情感的加固，而这两个步骤都是需要面对面服务的。在互联网平台上，这种发自情感的营销方法是很难实现的。

由此可见，线下的保险销售方法很难被互联网平台所借鉴。也正因为如此，传统的寿险盈利模式在互联网平台上很难被复制。

以上就是对人寿保险行业当前盈利结构的梳理，以及对线下人寿保险营销模式在线上复制可能性的探讨。

二、互联网平台保险销售可能的颠覆方式或者突破方式

线下的保险销售方法难以被互联网平台复制，但是如果不借鉴线下的方法，互联网平台的人寿保险销售有没有突破之法？

线下的人寿保险销售已经形成了一套成熟的方法与盈利模式。而如果不借鉴线下已经形成的方法，互联网金融领域也未必不能实现人寿保险销售的突破，只是这样的变革可能会使人寿保险行业的盈利模式遭到颠覆。

以下我们来探讨互联网平台上人寿保险销售的突破方法。

在传统财富管理行业的人寿保险业务中，以投资作为主要利润来源的格局，是在产品较低杠杆的保障功能的掩护下形成的。而在互联网平台上，一个可能的发展趋势是，产品的投资与保障功能实现分离、重组。

第一阶段，投资的独立。

在投资型产品的互联网销售中，还可以有一种思路，就是将线下营销人员的暗示背书明示化，将产品的预期收益率明明白白地写在网页上。这种方法在目前的互联网保险销售中已经有实践者，如国华人寿在天猫直营店中的做法——将每款产品的预期收益率明示，并突出显示、增强吸引力（见图 6-1）。

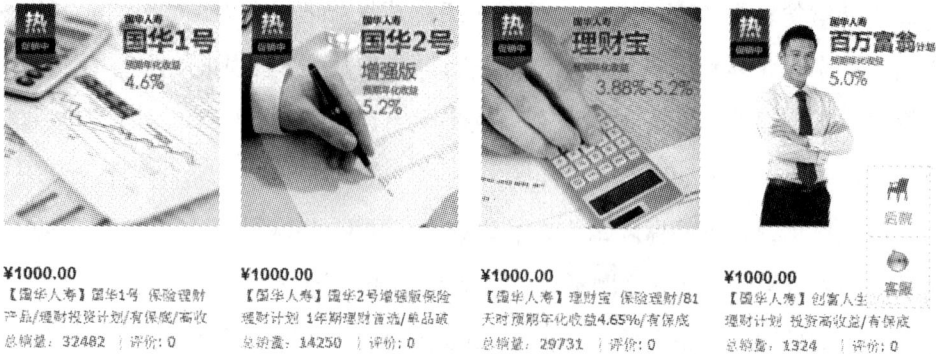

图 6-1　国华人寿部分保险产品宣传

　　这样的方法，将人寿保险产品的投资收益赤裸裸地暴露在投资者的目光之下，颠覆了人寿保险公司原有的经营格局。如上文所述，传统人寿保险业务中，企业盈利是通过对投资收益的再分配实现的，其实现的前提就是投资收益过程不透明，甚至连分配结果也是对客户背对背地逐个通知。而一旦客户收益被明示化，投资收益分配过程的神秘面纱就被揭开了，继而比拼的，就是保险公司的投资能力。

　　从目前的行业发展进程看，投资功能的独立，是在互联网平台建立人寿保险销售体系的第一阶段。在这一阶段中，产品的投资功能逐步独立出来，单独与其他投资型产品进行比拼。这是已经开始了的第一步，也将是最重要的一步。在这一步中，有可能引发阶段性的同业的比价竞争，乃至价格战。而最终生存下来的，将是投资实力比较强、能够维持较高投资收益的公司。国华人寿在天猫上的尝试，就是这种模式的雏形。一旦这一步在整个行业中广泛走开，人寿保险的投资就将从保障的掩护下暴露出来，保险公司原有的隐蔽性很强的盈利模式也将随之被彻底颠覆。

　　未来，投资功能的平台也未必会一直集中在保险公司，国内正在蓬勃发展的保险资产管理公司有可能成为保险投资功能的一个落脚点，使得保险资金的投资更加规范、高效。投资功能的独立与单独竞争，是人寿保险在互联网金融实践中革命性的一步。

第二阶段，保险的制度功能独立。

在投资功能独立之后，保障自然也就不再与投资混合，保障型产品中的投资元素也会变少。到了这一步，线下保险产品的复杂结构就已经被剥离开来，保障型产品的功能将会更加明确。

实际上，保障型产品并不是单独针对某一类风险的产品，而是对以高杠杆补偿小概率事件经济损失的保险产品的统称。根据保障内容的不同，保障型产品也有不同的种类，如人身意外保险、重大疾病保险、定期寿险等。

而对于保障型寿险产品在互联网上的营销，一个值得借鉴的模式就是车险的网络直销。在网销平台上，投保人可以根据自己车辆的情况与车辆使用习惯，选择车损险、盗抢险、划痕险等不同险种的保额，而投保平台会根据投保人的个性化需求计算出相应保费。

由此我们可以想到，对于保障型保险产品，这一方法同样适用——寿险公司可以借助互联网平台，让投保人自主组合自己的保障型保险功能及保额。

这种方法需要解决的一个问题在于：人身意外保险、重大疾病保险风险分散型产品的定价，是基于大样本性质形成的。如果投保人数过低，将导致保险公司的风险过于集中。为此，在互联网金融的寿险营销中，可以借鉴"众筹"的思路，将风险分散型产品单独列出，采取"众筹"的方法组织产品，并根据参保人数分档报价成交。这样的营销方式不但有利于客户自主选择最合适的保障类别及额度，也提升了客户的参与感和使命感。

对于单一制度功能型产品，保险公司可以完全打破现有的产品形态限制，而在网络平台上将制度条款单独列出，让客户自主选择、排列。我们以中长期年金保险为例——年金保险既可以当期领取，也可以递延领取；既可以保障到某一指定年龄，也可以保障终身。这些条款可以在网络平台上明确列出，并让客户根据自己的偏好自由组合，形成自己专属的保障方案。当然，这一点的实现，需要监管政策的配合，但未必不可尝试——互联网金融的发展初期，本身就是整个行业与监管层面进行磨合的时期。

第三阶段，提供产品组合，完善客户保障，出让投资获利。

正如我们在上文所说，目前，国内的保险行业都在制度化剥削的掩映中生存，而互联网金融正在逐渐打破这个格局。如果保险行业能在互联网金融的推动下顺利走过投资独立、制度功能独立这两个阶段，就有可能发展到长期管理、产品组合这一阶段。

在这一阶段，保险公司已经建立了保险制度功能独立的能力，也有了稳定的投资平台，这也意味着有了相对稳定的客群。于是，保险公司可以构建比较完备的产品和服务体系。在这样的体系下，保险公司主要负责通过产品建立一种制度，而投资则由保险资产管理公司或基金公司等专业的投资机构负责。对于客户来说，这样的体系既提供了中长期保障的制度，又提供了相对可靠的投资服务，相比当前这种投资几乎不为保单持有人做贡献的体系，有明显的优势。

一个可参考的例证就是美国的 401k 计划。在该计划中，企业和政府仅负责设计、执行相应制度，使得在美国工作的人在年轻时存下退休金，而这笔退休金的投资运作则由专门的投资管理机构负责，企业、政府都不再参与。

在互联网金融的影响下，保险公司也可以走向这样一个定位——保险公司来设计一定的机制，如风险保障的杠杆、长期现金流的规划等，这些机制的设计也可以如第二阶段一样让客户参与进去，而对于资金的运作，则由已经独立出来的投资平台完成，提升客户资金的投资效率。于是，保险公司成为一个通过产品组合设计，为客户提供长期保障功能的机构。

这样，整个保险行业的利润就会实现再分配——保险公司赚取构建制度、管理产品的相应费用，而之前被掩映的投资部分的超额收益，则会转移到更加专业的投资管理机构去，让客户通过保险公司为其提供的资产管理平台，得到更多的实惠。

以上就是我们对于人寿保险产品在互联网金融平台上营销突破方法的展望。在这样的路径下，渠道的作用明显降低，人寿保险行业将最终实现一种更加透明化、更有利于保单持有人的盈利模式。而人寿保险公司将主要通过丰富的产品功能和强大的投资实力来吸引客户。最终，在经历互联网金融的洗礼之后，人寿保险行业突出重围的公司将具备如下两个要素之一：

在客户需求的满足方面，善于开发贴近市场的功能，将费用花在提升客户体验和提升保险服务水准上的公司，将会更加受到青睐、得到市场。

在投资投资运作方面，善于投资运作、具备成熟风险管理体系的资产管理驱动型公司将会得到市场。

第二节　互联网金融下的券商财富管理

一、券商的盈利变迁

（一）过去的盈利模式及困扰

传统意义上的证券公司，盈利模式来源于三大部分，包括经纪业务交易佣金、投行业务、自营业务等。经纪业务，是指通过券商提供的交易平台进行证券交易的业务，证券公司通过提供证券交易服务获取佣金收入，这项服务目前已变得非常同质化，证券公司所提供的服务多数都局限在投资咨询、证券买卖等传统业务，难有更多创新，在这样的背景下，各家券商为了争夺有限的客户，采取的都是价格战的方式，通过不断降低佣金吸引客户，最终损害的都是券商自身的利益。投行业务，是指证券公司为企业发行股票或债券融资、为企业提供并购等咨询服务，这项业务需要证券公司有足够多的资源，就像中石油、工商银行等传统大型企业的上市往往都交给大型券商一样，并非每个券商都有足够强大的资源背景去获取大公司的上市辅导，而且投行业务受到政策影响较明显，一旦管理层暂停新股上市，绝大多数投行业务的规模就会迅速萎靡。自营业务，是指券商利用自有资金进行投资的业务，其收入来源于投资收益，这项业务更是和资本市场密切相关，股票市场的巨幅波动往往也会直接影响自营业务的收入。

从上市券商公布的财务报表看，这三大业务的收入占整体收入的比重是非常高的，以 2013 年中信证券、海通证券、宏源证券的半年报数据为例（见表 6-7）。

表 6-7　部分券商 2013 年半年报数据

单位：%

券商	经纪业务收入占比	发行与承销业务收入占比	自营业务收入占比	合计
中信证券	42.76	11.50	39.44	93.70
海通证券	41.00	6.00	30.00	77.00
宏源证券	33.69	11.86	36.90	82.45

可以看到，这三大传统业务在券商整体收入中占比达到 75% 甚至更多，而这些业务的收入来源都与资本市场密切相关，也就是说券商的盈利直接受制于资本市场的波动，这与传统商业银行的盈利受制于存贷利差是类似的。换个角度看，商业银行为了找到能够带来持续稳定的收入来源，摆脱存贷利差的影响，就找到了赚取中间业务收入的方式；对于券商，为了找到能够带来持续稳定的收入来源，就必须要想办法"去资本市场化"，即找到与资本市场不相关或弱相关的盈利来源，只有这样，才能获取持续稳定的收入。

（二）出路及现状

对于券商而言，要想解决其盈利模式中存在的问题，核心就是要"去资本市场影响化"。可以看到，2013 年后，在券商大的改革浪潮中，部分券商开始寻找新的盈利模式，并且已经逐渐寻找到一些新的盈利增长点，下面我们仍然从传统的三种盈利模式来源进行分析。

1. 发展财富管理——解决经纪业务交易佣金收入问题

这种方式类似于商业银行的"去存贷款利差化"经营模式。即券商通过开展财富管理业务，实现多元化产品的综合配置服务，通过为客户配置符合其风险偏好的产品，获取财富管理中间业务收入，由此摆脱原先单纯依靠证券交易带来的佣金收入。

2. 立足股权融资、发展多元融资——解决投行业务收入问题

这种业务即通过债权融资、为企业提供更多的并购服务改变传统意义上单纯依靠股票 IPO 获取投行收入的模式，目前已有部分中小券商通过这种方式改变了投行业务的融资模式。

3. 成为融资活动的组织者——解决投行业务收入问题

这里所说的融资活动组织者，是一个泛投行概念，即在原先传统投行服务的基础上，结合现在正处在蓬勃发展的资管业务，通过提供多样化的融资服务获取收入的方式。这种盈利模式既体现在资管部门类似信托的通道职能，形成泛资产管理的组织者和中介服务商，也有通过有效地资产管理为客户进行投资服务获取资产管理收入的模式，这种模式在近两年券商的资管部门是非常盛行的，实质上这种方式改变了原有单纯依靠投资银行业务获取收入的模式，不再受制于政策及资源限制。

4. 成为信用交易商——解决自营业务收入问题

这种模式实质上类似于商业银行的信用交易，通过发展融资融券、股票质押式回购等业务实现杠杆率的提升，将原有依靠自营投资股票、债券的收入模式转变为通过信用交易获取收入的方式，也改变了依靠资本市场"靠天吃饭"的命运。

综合看，目前券商的盈利结构中，经纪佣金收入占比在逐步下降，财富管理类产品的销售收入逐步提升，泛投行业务收入保持稳定，以通道服务为代表的资产管理规模迅速膨胀带来资产管理收入的提升，信用业务高速增长形成除自营收入外的稳定盈利来源，这种趋势已经愈演愈烈，在宏源证券公布的 2013 年半年报中，融资融券收入为 1.04 亿元，而上年同期仅为 0.48 亿元，增幅超过 100%；中信证券的 2013 年半年报也显示，其融资融券余额达到 226.45 亿元，上年同期为 88.37 亿元，增幅超过 150%。目前这种趋势已成为一种不可逆的发展方向，一旦券商能够形成这一多元化的盈利模式，将会改变目前依靠资本市场"吃饭"的局面。那么这种盈利模式的转变对券商自身又提出了哪些要求？

二、券商对财富管理的需求

从本书第二章财富管理的意义解读可以看出，无论是资金方还是资产方都需要开展财富管理业务。对于券商开展的业务，更多地体现为资产方需求，特别是在盈利模式发生变化的环境下，对于资金的需求是更广泛的，在这种背景下会加速券商对财富管理的需求。

（一）财富管理对资产管理的意义

券商正从传统的依靠资本市场表现获取收入的模式转向获取多元化收入的模式，在这种背景下，财富管理业务对券商有着非常重要的作用。在这一过程中，券商更多地体现为资产方角色，无论是泛投行业务还是信用业务，券商都是通过自己的资源找到项目来源（或股票资源），其自身通过提供交易支持或通道服务，获取中介收入，在整个循环中，如果券商可以找到充足的资金来源，就可以实现在体系内的资金供求双方对接，形成"闭环"，独立的完成金融业务。

那么如何找到充足的资金来源呢？财富管理是一个重要方式。前文论述过财富管理为资产方提供支持包括以下几个方面：首先是资金的来源——券商在匹配资产、撮合交易过程中，资金方不能由自身承担，必须找到合法的资金来源，通过财富管理可以吸收客户的资金；其次是资金的稳定——券商在开展业务时对资金的需求是源源不断的，这就需要稳定的资金来承接这些资产，只有持续不断地开展财富管理业务才能吸收客户的资金；最后是资金属性的匹配——每一笔资产都有一定的风险、收益、流动性特点，券商通过财富管理要解决的，就是找到能够匹配这些属性的资金。如果资金与资产的属性不匹配，很可能会衍生出其他的问题。如果资产的收益不能满足资金的要求，资金就存在提前退出再投资的风险；如果资产的期限与资金的要求不匹配，就可能出现项目未完、资金断流的风险。这样的错配带来的结果很严重，甚至可能导致整个项目失败，资金方同样会遭受很大的损失。因此，券商在进行资产运用时，需要匹配自身资产与资金的属性。也只有通过财富管理业务，才能将资金的属性与资产的风险进行匹配。

综上，券商在开展资产管理业务中，已经无法避免的要去经营财富管理业务，而且伴随着资产管理业务规模的迅速扩大，其对财富管理业务的需求也会越发强烈，这在一定程度上加速了券商对财富管理业务的需求。

（二）泛投行业务与财富管理

接下来看泛投行业务，前文说过，券商的泛投行业务包括除传统的股票 IPO 业务外的债券承销业务、并购业务以及目前在券商中普遍开展的资产管理业务（通道业务）。这里想重点谈谈资产管理业务，目前券商普遍开展的资产管理业务与传统的信托业务是类似的，通过自身拥有的项目资源，构建产品形态和架构，在这一过程中提供中介服务的职能，特别是随着 2013 年《中国银监会关于规范商业银行理财业务投资运作有关问题的通知》（俗称"8 号文"）的颁布，对非标准化债权资产有了明确规定，并将商业银行理财资金投资于非标准化资产的规模进行了约定，而在银信合作被叫停的大背景下，商业银行在理财业务竞争激烈的环境下会出现大量的非标准化资产，如何转化这些资产，就需要找到资金对接，而在这一过程中券商就起到了重要的作用，一方面通过自身的通道业务帮助商业银行从产品架构形态上转化非标准化资产，另一方面可以提供充足的资金，对接非标准化资产。

从这一角度看，券商如果将泛投行业务作为稳定的盈利模式，就必须要有足够的资金来源，而资金的来源仍然需要开展财富管理业务。

（三）信用业务与财富管理

目前，券商正在大力发展融资融券等信用交易，前面说过多家券商的融资融券业务收入年增速超过 100%，且从宏源证券 2013 年半年报的数据看，此项业务的收入已超过 1 亿元，在整体收入的占比也达到 4%，这都显示券商正在大力发展信用交易业务，而这项业务持续发展的前提仍然需要大量的资金。目前券商的融资融券业务普遍需要资本金的支持，而相较于商业银行，券商的资本金规模较小，这就在源头上限制了其信用交易规模的扩大。因此，券商若想把自己的信用交易规模做大，唯有打开融资渠道才能持续，同样的，资金来源仍然需要开展财富管理业务。

综上，券商盈利模式的变化从多个方面对资金来源提出了更高要求，而券商若想获得稳定的资金来源，就必须要开展财富管理业务，只有通过为客户提供综合化的服务，实现客户资产的合理配置，才能形成长期稳定的资金来源。

三、互联网金融对券商的影响

本书论证的是在互联网金融下如何开展财富管理业务，既然前文论述了券商开展财富管理业务的必要性，在互联网金融的大背景下，我们认为券商开展财富管理业务还具有很强的"紧迫性"，互联网金融的快速发展会加速催生券商对财富管理业务的需求。

（一）对"交易佣金"的冲击

互联网金融体现的是金融参与者深谙互联网"开放、平等、协作、分享"的精髓。在这种背景下，互联网金融会迅速提高市场的有效性，打破信息不对称并降低垄断价格。过往以经纪业务为主要收入来源的券商，在经历了价格战之后，其盈利空间已变得非常有限，按照这种方式发展，最终全行业的佣金标准都将达到成本线，如果仅依靠经纪业务的佣金收入，券商将无法生存，基于此，监管机构对券商行业的股票交易佣金设置了 0.075% 的最低下限，即通过现场开户渠道进行股票交易的客户佣金比例不能低于这一标准。

但是，在互联网金融的背景下，监管机构批准了网上开户，通过这一途径开立账户进行的股票交易的佣金比例不受最低下限的要求，目前华泰证券已经开始推广网上开户，这些客户的股票交易佣金比例仅为 0.03%，这种开户推广方式会迅速打破信息不对称，券商必然会再次受到交易佣金的冲击。因此在互联网金融模式下，券商将不能再以交易佣金为主要盈利模式，必须要开展财富管理业务。

在海外，这种网络券商已经逐步发展起来，其发展路径大致有三类：折扣经纪商借助互联网技术转变为网络券商，最典型的代表是美国的嘉信理财；为证券公司提供 IT 服务积累证券业务经验而后转变为网络券商，典型代表是美国的

E-Trade；被互联网基因最浓厚的电商收购，打造成为优秀的网络券商，典型代表是日本的乐天证券。在这三种模式中，嘉信的盈利能力远远强过 E-Trade 和乐天证券，重要原因是 E-Trade 和乐天证券体现在获客能力与客户体验上，对于理解客户在金融领域的需求并不深刻，整体盈利模式基本处于整个金融产业链的底端。嘉信从一家传统券商，到一家折扣经纪商，再到一家提供综合金融服务的网络券商，选择了以资产管理这种能够满足客户理财需求的相对有竞争壁垒的经营模式，提升其在整个金融产业链中的地位，能够获得长期超越行业平均水平的 ROE。

从这一角度看，海外的券商在互联网金融背景下的经营模式已经发生了转变，从原始的传统券商阶段，发展到依靠佣金折扣进行经营的券商，最终发展到提供综合服务和全面财富管理服务的经营模式，由此可见互联网金融对券商加速开展财富管理业务也起到了助推器的作用，国内券商为了能够生存、获取持续稳定的盈利，必须要摒弃原有的依靠经纪业务赚钱的老路，转而走向财富管理的实践之路。

（二）券商营业部的被迫转型

在互联网金融的背景下，如前文所述，经纪业务的利润率会快速降低，券商依靠经纪业务赚取的利润会大幅缩水，由此必然会带来经纪业务利润占比的加速下降。如果拿商业银行进行举例，就是依靠存贷利差赚取的收入占比会快速下降，那么商业银行的网点依靠什么生存？这些支行网点的成本都是巨大的，无论是场地的租金、设备或是员工薪酬都是一笔很大的开支，在存贷利差收入占比萎缩的情况下依靠什么来经营？套用到券商的经营上就是券商营业部依靠什么来生存？

传统的券商营业部收入主体就是经纪业务的佣金收入，在互联网金融背景下，经纪业务利润缩水，券商营业部不得不转型。一种模式是券商营业部可以发展成为"资产"和"资金"两个都生产的全能营业部，即券商营业部通过开展财富管理业务获取稳定的资金来源，同时依靠券商营业部自有的资源和项目赚取资产管理费或信用交易收入，此种模式类似于当前商业银行支行中存在的零售部和公司部，各尽其职，分别找到不同的目标客户群通过配置不同的产品获取收入。另一种模式是券商营业部发展成为财富管理专业营业部，类似当前国泰君安证券的发展路径，营业部只作为财富管理业务的经营部门，通过为客户进行合理的产品选择和配置吸引客户的资金，扩大资产规模，而所谓的"资产"业务交由券商总部直营管理，即类似于现有的投行业务，这种业务模式与商业银行部分零售专业支行是较类似的，即支行仅开展个人业务，公司业务收至总行或分行，由总分行进行对公客户的集中经营和管理。

在互联网金融模式下，现有"重资产"的券商营业部就会承受较大压力，互联网券商具备的特点是"轻资产"，没有过多成本压力，完全可以低成本开展券商业务，这就对传统以"重资产"为基础的券商提出了较高要求，必须充分挖掘券商资产中的产能，才能实现可持续发展，对于"重资产"的券商，可以采用降低交易佣金吸引客户，进而为客户提供综合化的财富管理服务。

四、券商财富管理的困境

开展财富管理业务就是要选择恰当的产品帮助客户进行配置，在财富管理的四大体系中，客户体系和产品体系无疑是非常重要的，券商如果要开展有效的财富管理业务，必须要建立好客户及产品体系，那么现实中券商又会遇到哪些问题呢？

(一) 客户黏性不足

券商在开展财富管理业务时遇到的第一个现实困境就是难以构建客户体系的问题。客户体系也即客户群经营管理，主要涉及如何为客户提供高效、优质的服务，设计满足客户需求的金融产品，以此实现客户资产的保值增值，最终达成客户资产在财富管理机构的不断增长。

对于商业银行，可以通过多种渠道获取客户的有效信息，商业银行可以利用这些信息进行充分挖掘，做到真正的数据库营销。对券商而言，则完全不同，无法有效获取客户过多信息。这里面既包括历史因素，过去在开立证券账户时很多客户的信息是不完整的，缺少关键信息；同时也有现实中的因素，即客户开立股票账户后与券商并不具有持续往来的接触点，因而也不愿意留下过多的信息。这就造成了券商客户的信息含金量较低，很多券商能够取得联系方式的客户信息仅占登记在册客户信息的五成，客户体系的含金量较低。

除此之外，券商在进行客户群经营时具有以下特点：

第一，客户风险属性高。由于客户本身具备了较强的风险承受能力和较高的风险偏好，客户专业性不强的咨询和顾问需求就较低，加之目前多数券商的投资顾问服务水平有限，客户就不愿与券商有过多来往。

第二，客户接触点单一，不具有往复性。过去，客户仅需在券商开立股票账户后就可以在网上进行股票操作，多数股民都通过手机、网络自行操作，只有职业股民才去营业部，也只有专业大户与券商的财富管理顾问联络。客户与券商间没有太多的持续沟通和交流的话题，也就无法增强客户与券商的黏性。在这里要特别注意的是券商客户群和商业银行客户群的差异性，两种客户关系的连接点是不同的，商业银行是以结算为基础的，这是客户不能缺少的环节，必然要到网点，与商业银行形成接触点；券商是以股票交易为基础的，客户完全可以自行交易，无须与券商形成接触点。

正是基于这些特点，加之券商对财富管理业务的理解有限，以为有了客户数量（不考虑质量）就可以有财富管理的产能，虽然在不断地扩大客户群，但真正有价值的可以经营的客户有限，因此无法有效构建客户体系。

（二）佣金导向问题

产品体系在财富管理框架中起着不可或缺的作用，它依托于客户体系而存在，同时又为客户体系服务，在这一过程中，两者是相辅相成的，缺一不可。如果仅建立了完善的客户体系，缺少产品的供应，是不可能满足客户需求的，这样的客户体系是不牢靠的，但如果仅有创新的产品而缺少完善的客户经营体系，也很难实现财富管理业务的持续发展，因此，产品体系的构建是财富管理框架中最核心的内容。

现实中，券商在构建产品体系时会遇到明显的佣金导向问题。所谓佣金导向，是与商业银行的"存款导向"一致的，虽然一直在推广和宣传财富管理理念和思路，但无可避免的，商业银行仍然会以追求存款为主要目标，因此在产品选择上就会选择为商业银行带来存款的产品，对应于券商，无可避免地要去追求能够为其带来交易佣金的合作机构。因此在券商选择产品为客户提供财富管理服务时，就很有可能会出现佣金导向问题，财富管理成为一个幌子，最终选择的产品无法有效形成体系，也不能为客户提供真正有价值的产品。

举例来说，券商在选择产品时，很可能会以"分仓"（交易量）作为一个重要标准，哪些资产管理机构愿意把自己的仓位放在该券商进行交易，那么券商就愿意与该资产管理机构合作，销售其产品，这就像商业银行在选择保险产品时会以哪家公司提供的对公存款多是一个道理。这种标准选择的产品无法独立、客观，也不能真正做到以客户为中心，最终必将是产品导向型销售，这是券商在开展财富管理时遇到的另一大现实困境。

综合看，很多券商在现实的财富管理应用中仍然走着老路，或者说在重复着很多商业银行走过的路：一是盲目上产品、构建产品体系，二是加大单一产品考核、挖掘所谓的产能，这种方式的最终结果是无法解决当前券商面临的现实问题，反而离真正健康的持续发展道路越走越远。

五、券商发展财富管理的一种可能方式

从上述券商开展财富管理过程中遇到的现实问题看，可能会出现两个方向：

一是产品为王、通过高定价的固定收益产品走上类似第三方理财的路子，由于高定价固定收益产品最终损害的是销售机构和资产管理机构的利益，这种高定价固定收益产品的持续供给是非常有限的，因此，这种路径最终难以持续发展。

二是客户亏损严重、投诉不断，最终导致销量匮乏、营业部产能无法提高。

部分券商被迫放弃经纪业务，转而积极发展投行等对公业务，最终在券商中出现细分市场。这种方式类似于商业银行中的兴业银行或者民生银行，在模仿招商银行大力开展财富管理业务一段时间后，并未有实质性进展，转而在同业银行和小微银行业务中寻求发展机会，最终在各自领域实现了突破。这种模式在商业银行中取得了较好效果，但是在券商中是否能获得成功，目前难以预测。特别是像投行、资管这类依靠"资源"发展的业务，市场并不是充分竞争的，没有足够的资源供给是不可能做大做强的，因此对于多数券商，如果想通过这个途径实现持续发展，难度也是较大的。

那么券商应该怎么办？我们提出如下可能的解决方案：

（一）核心原则

开展财富管理业务的重要核心是客户体系，没有客户一切都是妄谈，得客户者得天下，因此，对于券商必须发起一轮"改善客户关系质量"的革命性行动。由于过去券商与客户的沟通交流机会较少，先应做好客户的服务工作，这也是当年商业银行在开展财富管理业务前与客户的切入点。

（二）产品选择

券商的财富管理业务必须要独立经营，财富管理就是风险管理，券商在选择产品时必须要符合风险管理的原则，不能仅从产品收益率入手，也不能以交易佣金作为产品选择的导向。而在产品选择时，由于都是进行股票交易的客户，现有的产品配置风险较高，从相关性的角度出发，应该把化解股票交易的风险作为一切产品选择的逻辑起点。

（三）模式选择

前文分析过，在券商财富管理的实践中，遇到的一个较大问题是与客户缺少持续的接触点，为了能够做好与客户的持续沟通和交流，需要增加多个客户接触点、绑定点。在这一过程中，可以借鉴商业银行目前的流程服务过程，在《财富管理与资产配置》一书中，我们也曾提到过"资产配置全景图"，可以设计一个客户管理的循环，包括客户邀约、客户需求挖掘、产品方案制作及配置、售后跟踪等多个环节，通过环节的设置增加客户的接触点，实现与客户多层次、多维度的交流和沟通，实质上是创造一个邀约客户的营销流程，然后严格执行、实施量化过程管理。

（四）流程中的核心

在整个客户管理的循环中，如何进行客户邀约是最重要的，因为只有为客户进行复杂产品的配置才能带来可观的收入，而销售复杂产品需要的是面谈，特别是对于券商，原先缺少与客户交流沟通的机会，很多投资顾问也缺乏客户邀约的意识和技巧。这时就需要券商为投资顾问提供有效的工具帮助其邀约客户。我们的建议是选择功能性产品，可以是保障型保险。保障型保险与股票交易客户的交易行为是互相补充的，对于高风险属性客户，虽然其风险承受能力较高，但从资产配置的角度看，此类客户仍然需要配置保障型产品，以达到风险均衡的效果，这个逻辑是基于"风险分散"这一核心点的，券商中的应用与商业银行是反向的，商业银行是从投资型保险切入的，因为客户与商业银行之间是通过存款这类安全性资产建立的沟通关系。只有通过为客户现有资产配置与之互补的产品，才能真正帮助客户做好风险的均衡，实现有效的资产配置，也才能依靠这一点挖掘客户的需求，寻找到与客户沟通的连接点。

在这里我们也将保障型保险产品除保障型功能之外的其他一些特点进行简要分析，看看是否能形成邀约券商客户的有效工具。第一，保险的资产传承功能。这一功能应该可以成为券商客户的主要营销点，对于高市值客户，已经关注到如何高效、安全、足额的将其资产合法合理进行传承的问题，而保险产品具备这一功能。第二，规避税务。这是很多高市值客户关注的问题，特别是既拥有股票市值又是企业管理者的投资者，他们往往对如何规避税务问题有很强烈的需求，这也是保险产品的一大特点。第三，跨境资产转移功能。对于拥有不同国籍的家庭成员，可以通过保险产品的配置实现资产的跨境转移，这又是保险产品的一大特点。综合这几点看，保险产品可以从多个角度满足券商股票交易客户，特别是高市值客户的需求，也可以成为有效邀约客户的一个工具。

　　以上这些建议是我们对券商如何开展财富管理业务想到的可能解决方案，当然在实践中可能仍会遇到这样或那样的问题，但无论如何，券商必须找到一个有效的"抓手"，寻求开展财富管理业务的路径。

参考文献

［1］史建平. 金融市场学［M］. 北京：清华大学出版社，2012.

［2］赵海宽，杜金富. 资本市场知识入门［M］. 南昌：江西人民出版社，1993.

［3］王洪栋，张光楹，廉赵峰. 财富管理与资产配置［M］. 北京：经济与管理出版社，2013.

［4］萨缪尔森. 经济学［M］. 北京：商务印书馆，1981.

［5］安东尼·桑德斯，马西娅·米伦·科尼特. 金融风险管理［M］. 王中华，陆军译. 北京：人民邮电出版社，2012.

［6］吴岚. 风险理论［M］. 北京：北京大学出版社，2012.

［7］许谨良. 风险管理（第四版）［M］. 北京：中国金融出版社，2011.

［8］范道津，陈伟珂. 风险管理理论与工具［M］. 北京：天津大学出版社，2010.

［9］李东进. 消费者行为学［M］. 北京：机械工业出版社，2007.

［10］汪仁官. 概率论引论［M］. 北京：北京大学出版社，2004.